在同构、互融中共生

—— 幼儿园公共区域创设与活动指导

潘海燕　张小宇　邱佳业　著

苏州大学出版社

图书在版编目(CIP)数据

在同构、互融中共生：幼儿园公共区域创设与活动指导 / 潘海燕，张小宇，邱佳业著. -- 苏州：苏州大学出版社，2025. 3(2025.9 重印).-- (幼儿园区域活动指导丛书 / 张晗，王亚红主编). -- ISBN 978-7-5672-5166-3

Ⅰ. G612

中国国家版本馆 CIP 数据核字第 2025P6K788 号

书　　名：**在同构、互融中共生**
——幼儿园公共区域创设与活动指导
Zai Tonggou、Hurong Zhong Gongsheng
——You'eryuan Gonggong Quyu Chuangshe Yu Huodong Zhidao

著　　者：潘海燕　张小宇　邱佳业
责任编辑：杨　冉

出版发行：苏州大学出版社(Soochow University Press)
社　　址：苏州市十梓街 1 号　**邮编**：215006
印　　装：苏州市古得堡数码印刷有限公司
邮购热线：0512-67480030
销售热线：0512-67481020

开　　本：787 mm×1 092 mm　1/16　**印张**：11.75　**字数**：237 千
版　　次：2025 年 3 月第 1 版
印　　次：2025 年 9 月第 3 次印刷
书　　号：ISBN 978-7-5672-5166-3
定　　价：45.00 元

若有印装错误,本社负责调换
苏州大学出版社营销部　电话：0512-67481020
苏州大学出版社网址　http://www.sudapress.com
苏州大学出版社邮箱　sdcbs@suda.edu.cn

总序

在推进课程游戏化项目的过程中，江苏省教育厅强化了几项基本任务，其中就有深入开展区域活动。区域活动对幼儿园课程的实施来说，是基本的和重要的途径。但在十多年前，这一点并没有得到充分认可。课程游戏化让很多教师认识到区域在课程实施中扮演了重要的角色，组织多样化的区域活动是课程游戏化项目重点关注的工作内容。区域是一种非全班性的组织方式，有助于减少对全班集体活动的依赖，有助于推进儿童的小组学习、个别学习，有助于儿童的自主游戏，也有助于满足不同儿童的活动需要。很难想象，没有区域活动的开展，幼儿园如何注重个体差异，实现真正有效的因材施教。因此，区域活动是有助于儿童获得多样化经验，能够顾及儿童个体需要的适合幼儿园课程实施的活动形式，现在已经成为很多幼儿园课程实施的重要途径。

这里所说的“区域”是对班级室内或走廊环境以及场地环境的一种分隔，区域分隔主要是从活动和功能的意义上说的，而不只是从空间意义上说的。不同区域的材料不同、活动不同，能满足儿童不同的需要，能让儿童获得不同的经验，因此区域具有多样性和可选择性。多样性意味着除了一些基本的区域，班级还可以根据课程的需要尤其是儿童的需要，创设新的区域，体现了课程的灵活性和适应性。可选择性意味着儿童的自主性，儿童的需要得到了关照和满足，关注每一个儿童的发展需要就成为了可能。

区域活动作为幼儿园课程的主要实施途径，它包含了空间、时间、材料、儿童等要素，不同的儿童会在同一个区域中开展不同的活动。空间、时间、材料等适合儿童，活动就可能顺利开展，儿童就可能获得经验；反之，儿童就可能没有兴趣，活动就难以开展。课程游戏化项目推进的过程中，要努力引导教师研究儿童，研究材料，研究适宜的时间和空间，要努力让区域发挥应有的作用。

区域活动中，教师应注重观察、适当介入、有效指导，为幼儿的主动发展提供条件。教师如放任不管、过于随意，就不可能引发幼儿的深层学习，不可能让幼儿不断面临挑战，也不可能让幼儿形成新的经验。创设丰富多元、灵活适宜的活动区域是幼儿园开展区域活动的基本条件和必要前提。对于幼儿园来说，区域如何规划，是因园、因班而异的，是与幼儿园、班级实际空间、幼儿数量等都密切相关的，甚至不同的季节、不同的天气、不同的主题及幼儿的兴致都可能影响区域的安排。区域规划要有利于幼儿的活动，要符合幼儿身心发展规律和学习特点，有利于幼儿经验的获得。区域的规划应注重多样性、互补性、互动性和发展性。不同的区域有不同的活动和任务，性质也可能各异，不是所有的区域都具有完全相同的功能，但不同区域之间可以进行协调和互动。对区域活动而言，有些区域可能自发性和游戏性更强一些，有些区域可能目的性和探究性更强一些。在区域规划时，一定要将幼儿游戏兴趣与发展需要作为区域设置的重要依据，既确保幼儿的自由游戏时间和空间，又确保幼儿经验的有效发展。

幼儿是在行动中学习的，幼儿与周围环境，尤其是与材料的相互作用，是幼儿获得经验的重要途径。区域活动中教师要研究每一种资源的功能，研究不同资源之间的协同和配合，最大限度地发挥资源的教育价值。要根据幼儿的兴趣和需要，组织和改造资源，将基本资源和辅助资源有机结合起来。要从幼儿的年龄特点出发，确保活动资源的可选择性、可获得性、适宜性和挑战性，要真正满足幼儿活动的需要，促进幼儿持续的学习。要深入关注幼儿利用资源进行互动的过程，发现问题，加强指导，使资源在活动的过程中真正转化为幼儿的经验。

“幼儿园区域活动指导丛书”的作者就是基于以上思考，依托江苏省“双师型”名师工作室与江苏省高校“青蓝工程”优秀教学团队的力量，立足幼儿园区域创设与活动实施中的真实问题，在《幼儿园工作规程》《3—6 岁儿童学习与发展指南》《幼儿园保育教育质量评估指南》等文件精神引领下，基于“经验视野下幼儿园区域创设与活动指导”的科学观念与实践策略，对生活区、语言区、角色区、科学区、数学区、建构区、美工区、公共区域等八个不同区域进行系统的研究和总结，凸显了丛书的全面性与引领性。此套丛书既有理论思考，又有实践关怀，让我们看到了幼儿园区域活动的独特魅力与丰富价值。

期待该丛书能为更多幼儿园区域规划、环境创设、活动实施提供有益的借鉴与指导，更好地实现幼儿个性化全面发展的需要，为学前教育高质量发展贡献力量。

2024 年 8 月

丛书前言

区域活动是江苏省幼儿园课程游戏化项目的主要建设内容，也是课程游戏化项目推进中的一个难点。苏州市吴江区作为江苏省幼儿园课程游戏化项目区域推进的先行者之一，多年来在区教育局、教研室以及高校专家的引领下，持续深入地对室内区域环境创设与活动指导进行研究探索、反思优化，已形成了相对成熟的理论架构与实践经验，现将实践成果凝练成文并出版，以期与所有幼教同仁共同研讨。

1. 区域活动是践行“游戏是幼儿园基本活动”理念的重要途径

2001 年，教育部颁印的《幼儿园教育指导纲要（试行）》指出，“尊重幼儿身心发展的规律和学习特点，以游戏为基本活动”，“幼儿园应为幼儿提供健康、丰富的生活和活动环境，满足他们多方面发展的需要，使他们在快乐的童年生活中获得有益于身心发展的经验”。基于幼儿经验全面发展需要，创设种类多样、数量丰富的区域，投放充足、适宜的区域材料，可满足幼儿通过“直接感知、实际操作、亲身体验”获取经验的需要。

2. 区域活动是克服幼儿园“小学化”现象的重要策略

2011 年，《教育部关于规范幼儿园保育教育工作　防止和纠正“小学化”现象的通知》指出，“创设适宜幼儿发展的良好条件，整治‘小学化’教育环境。幼儿园要创设多种区域活动空间，配备丰富的玩具、游戏材料和幼儿读物，为幼儿自主游戏和学习探索提供机会和条件”。2018 年，《教育部办公厅关于开展幼儿园“小学化”专项治理工作的通知》提出，“对于未按规定创设多种活动区域（区角），未提供充足的玩教具、游戏材料和图书，缺乏激发幼儿探究兴趣、强健体魄、自主游戏的教育环境的，要调整幼儿园活动区域设置，合理利用室内外环境，创设开放的、多样的区域活动空间，并配备必要的符合幼儿年龄特点的玩教具、游戏材料、图画书”。

3. 区域活动是落实江苏省幼儿园课程游戏化精神的重要内容

2014 年，江苏省教育厅、财政厅《关于开展幼儿园课程游戏化建设的通知》指出，“构建游戏化活动区域。以尊重幼儿兴趣爱好、激发幼儿自主活动为宗旨，根据课程实施进展情况，创建数量充足、种类多样、材料丰富、与幼儿发展相适宜的游戏区域。区域活动中教师注重观察、适当介入、有效指导，为幼儿主动发展提供条件保障”。作为课程游戏化实施的重要载体，不同种类、不同难度的区域活动为幼儿提供了丰富的内容选择与广阔的挑战空间，激发了幼儿的活动兴趣与探索欲望，促进幼儿积极建构新经验，极大地转变了以“端坐静听”为主的教学方式。

4. 区域活动是实现学前教育高质量发展的重要举措

2023 年 7 月，《教育部 国家发展改革委 财政部关于实施新时代基础教育扩优提质行动计划的意见》明确要求，“加快构建幼有优育、学有优教的高质量基础教育体系”。高质量学前教育的核心在于实现每位幼儿在自己原有基础上的最优发展，即个性的全面发展。教育部《幼儿园工作规程》提出，“幼儿园应当根据幼儿的年龄特点指导游戏，鼓励和支持幼儿根据自身兴趣、需要和经验水平，自主选择游戏内容、游戏材料和伙伴，使幼儿在游戏过程中获得积极的情绪情感，促进幼儿能力和个性的全面发展”。

本套丛书共分 9 册：《经验视野下幼儿园区域创设与活动指导》《幼儿园区域创设与活动指导：生活区》《幼儿园区域创设与活动指导：语言区》《幼儿园区域创设与活动指导：角色区》《幼儿园区域创设与活动指导：科学区》《幼儿园区域创设与活动指导：数学区》《幼儿园区域创设与活动指导：建构区》《幼儿园区域创设与活动指导：美工区》《在同构、互融中共生——幼儿园公共区域创设与活动指导》。全套书由总到分，系统涵盖幼儿园主要区域类型，指向幼儿经验全面发展需要。当然，本套丛书也是一个开放的体系，后续的音乐区等相关区域如有好的探索成果，我们会继续丰富。

本套丛书的每一分册都从一个区域的研究现状与趋势出发，链接《3—6 岁儿童学习与发展指南》，从核心价值与联动价值两个方面分析区域活动经验价值；基于区域价值的实现进行区域创设，包括空间规划、环境创设、材料投放、规则与标识创设等；在区域创设的基础上，放手让幼儿自主活动，教师进行观察、倾听，适时、适宜地进行区域活动的指导；探索不同区域之间、区域活动与其他活动之间的有机联系、相互渗透的路径与方法。本套丛书将理论与实践有机结合，注重案例启发，对开展幼儿园区域活动有较好的借鉴意义。每册书图文并茂，区域创设、活动指导的路径与策略通俗易懂，旨在为幼儿园教师提供全面、实用的指导方案。

本套丛书的顺利出版得益于江苏省“双师型”名师工作室和江苏省高校“青蓝工程”优秀教学团队的资助，得益于苏州幼儿师范高等专科学校、吴江区教育局的大力支持。本套丛书是全体作者共同努力的成果，编写时借鉴、参考了国内外已有的研究成果，在此向一路上给予支持与帮助的领导、前辈和同行表示由衷的感谢！

本套丛书参与者较多，尽管每个人都尽了很大努力，由于研究能力所限，丛书内容尚未完全达到理想的状态，难免存在错误、缺漏和不当之处，敬请广大读者批评指正！

张　晗　王亚红

2024 年 8 月

前言

《在同构、互融中共生——幼儿园公共区域创设与活动指导》是思贤幼儿园在江苏省课程游戏化改革项目中持续反思与实践的成果。本书主张以"多元""共建""自主"的理念创设幼儿园公共区域，探索当前幼儿园公共区域实践的可能方向。

随着学前教育对幼儿园公共区域游戏的逐渐重视，如何在已有的幼儿园公共区域游戏基础上对实践与理论进行完善是教育者需要思考并为之付诸行动的重要课题。在不断实践与研讨过程中，笔者发现了一些问题，如：幼儿园教师对公共区域的规划与活动指导缺乏深入理解，公共区域活动存在割裂、散点化现象，公共区域资源开发较为片面……乘着江苏省课程游戏化改革的东风，思贤幼儿园历经多年，在专家的指导下一步一个脚印地摸索出了一条解决上述问题的行之有效的实践路径。笔者希望通过本书分享教学研究经验，为同行在幼儿园教育教学前行的路上点亮一盏小小的灯。

本书涵盖幼儿园公共区域规划与活动指导的基本理论与实践策略，是一线教师的教育实践成果，它既可以作为幼儿园管理者与一线教师的参考用书，也能够帮助教师跳出碎片化的实践困境，用更加系统、更敏锐的眼光看待幼儿的公共区域活动。本书具有以下特点：

◆ 本书展示了"从无到有"的幼儿园公共区域创设过程。从内容的逻辑来看，本书从思贤幼儿园公共区域规划与活动指导的理念切入，帮助读者从基础层面理解幼儿园公共区域规划与活动指导的观念要点。此外，本书还为读者呈现了思贤幼儿园的教师"从无到有"地创设科学合理的幼儿园公共区域活动的详细历程，为有意愿加入此实践领域的同行提供了清晰的发展路径参考。

◆ 本书内容通俗易懂，易于实践。本书并不是一本纯理论的书籍，而更像是一本在理论支撑下融合了一线教师实践经验的合集；理论是本书的骨架，一线实践经验是赋予它生命力的血肉。书中的内容易于理解、便于操作。在本书中，理论的阐述与思贤幼儿园一线教育教学案例相结合，读者可以通过生动的案例直观地理解如何在真实的幼儿园情境中运用关于幼儿园公共区域规划与活动创设的理念。

◆ 本书内容全面、系统。目前，各地幼儿园开展的关于公共区域活动的实践并不少，但市面上少有系统梳理幼儿园公共区域规划与活动指导的实践性书籍。本书不仅就幼儿园公共区域创设的某一小点展开，还为读者呈现出一个相对完整的幼儿园公共区域规划与活动指导框架——在书中，我们与读者共同探讨有关幼儿园公共区域的环境创设、活动实施、观察与评价等的多方面、多维度的经验。它能够帮助读者走出碎片式汲取相关信息的窘境，以全景式的视角去看待幼儿园公共区域规划与活动指导这一话题。

本书共分为五个部分：

◆ 第一部分是幼儿园公共区域活动概述。这一部分涵盖了有关幼儿园公共区域实践的理论依据，以及公共区域活动的内涵、类别、特征；还详细阐述了思贤幼儿园多年来在公共区域规划及活动指导方面的实践历程。通过阅读这部分内容，读者可以初步认识幼儿园公共区域，并获得“什么是幼儿园公共区域及其活动？”“幼儿园如何从零开始开展公共区域创设？”等关键性问题的答案。

◆ 第二部分内容围绕幼儿园公共区域活动的环境创设展开。环境不仅指物理环境，还包括活动开展的各类前提条件。良好的活动环境能够激发幼儿的活动动机，支持幼儿体验高质量的活动。在这部分内容中，读者能够了解到如何规划幼儿园的公共区域空间，如何建立公共区域资源库，如何科学投放公共区域材料，以及如何合理安排时间，以实现幼儿园公共区域资源的高效利用，促进幼儿的全面发展。

◆ 第三部分内容关于幼儿园公共区域活动的实施、观察与评价。这部分内容为组织开展幼儿园公共区域活动的教师提供了实用的观察与评价建议。教师可以对照这一部分内容对自身在公共区域活动中的观察、评价实践进行简单回顾，运用其中的实用策略，提升幼儿园公共区域活动实践质量。

◆ 第四部分阐述幼儿园公共区域活动对幼儿、教师及幼儿园保教质量提升的价值。读者可根据自身实际情况，通过阅读此部分内容，明晰幼儿园公共区域活动的长期目标，从而强化幼儿园公共区域活动开展的多方面价值。

◆ 第五部分主要基于现有的幼儿园公共区域活动实践，提出对当前幼儿园公共区域活动实践的思考，针对目前的幼儿园公共区域活动实践的不足之处提出未来在此方面进行完善的可能路径。

《在同构、互融中共生——幼儿园公共区域创设与活动指导》并不完全是按照线性的时间关系进行编排的，因此读者在阅读本书时，不必拘泥于从前往后的顺序，而是可以将目录作为要点参照清单，结合教育教学工作一边实践一边学习。本书每部分的结尾处都有重点总结，各位读者可以在详细翻阅章节内容前通过参阅此部分内容快速抓取章节要点。

祝各位读者阅读愉快！

目录

第一章 幼儿园公共区域活动概述

第一节 幼儿园公共区域活动的内涵

一、什么是幼儿园公共区域活动？

在学前教育领域，“活动”一词的内涵在教育发展过程中历经了漫长的演变：从“儿童通向自然目的的重要手段”到“作为儿童内在天性展现的方式”，再到“作为主客体之间的相互作用”，最后到如今指代幼儿园各项教育内容的通称，“活动”有着丰富的含义，并且已经成为学前教育领域中一个日常性的词语。[①]值得注意的是，“活动”强调幼儿的自主性，但当下幼儿园教育中存在罔顾幼儿行为特质，滥用“活动”这一概念的情况，忽略了幼儿的自主性，模糊了幼儿在活动中的主导作用。

首先，将幼儿园的“活动”划定在“区域”这一范畴内。由此可以推测，幼儿园的“区域活动”是幼儿在幼儿园区域中出于自身发展需要而进行的自主、自发的活动。

“关于区域活动的源头，国内的文献一直语焉不详，有说来自蒙台梭利为‘儿童之家’设计的有准备的环境。然而查阅蒙氏相关文献，却很难找到确凿证据……另一说是区域活动来自开放教育（Open Education），这一说法有一定道理。”[②] 不同学者对“区域活动”有不同的界定。区域活动又称活动区活动、区角活动、学习中心活动、兴趣中心活动，是幼儿在特定区域内与区域环境互动并获得发展的活动。在学前教育领域，区域活动的“自主性”是被广泛认同的。作为西方教育的舶来品，区域活动于20世纪80年代进入我国幼儿园，被国内幼儿园采用的时间并不算长。在英文情境中，区域活动空间通常被称作“学习中心（study centre）”“兴趣角（interest centre）”等。

其次，进一步将目光转向幼儿园公共区域。幼儿园公共区域活动是在幼儿园区域活动的基础上发展而来的。那么，该如何界定幼儿园“公共区域活动”呢？尽管当前国内幼儿园关于幼儿园公共区域的实践层出不穷，但究竟什么是幼儿园公共区域，目前学界仍然存在争议。国内一线教师与科研学者对于幼儿园公共区域的内涵

① 罗瑶．幼儿园教育中“活动”概念的历史演变与现实澄明 [J]. 学前教育研究，2023(12)：14–26.
② 黄进．幼儿园区域活动的来源与挑战 [J]. 学前教育研究， 2014(10)：31.

界定主要涉及幼儿园的户外活动区域、特定游戏区域及不同班级、教室之间的连接区域。户外活动区域指园内供幼儿进行户外活动的区域；特定游戏区域指各班幼儿在园内开展特定活动（如演出舞台区等）的固定区域；不同班级、教室之间的连接区域一般指教室外的公共空间，诸如走廊、门厅等。以上关于幼儿园“公共区域”的内涵更多指向空间的隶属问题，而较少涉及空间承载活动的性质。关于这一点，王春燕在文章中指出，幼儿园的公共区域不仅在空间上具有公共性，而且在其功能上具有共享性，即幼儿园公共区域的内涵不局限于“使用权上的共有”，更强调时间、材料、计划的共享与区域的相互渗透。王春燕在此基础上提出“共享区域”的概念，她认为区域及其活动应为不同班级、年级的幼儿共享，并指出“公共区域”打破幼儿园班级、年级的界限的特征。①

国外学者对于幼儿园公共区域的内涵并没有较为明确的界定。英国、美国等国家有相对完备的儿童友好型社区及自然资源，且具有成熟、完善的班级区域活动体系。因此，幼儿园往往强调借助诸如当地美术馆、博物馆等社会文化机构及森林等自然户外空间，以拓展幼儿的各类经验。在幼儿园保育教育的实践过程中，班级区域活动是英国、美国等国家的幼儿园区域活动的核心，除户外活动区域与门厅之外，幼儿园公共区域在更多情况下是指未被赋予特定教育功能的空间。考虑到目前我国幼儿园在教育实践过程中较少将公共区域拓展至学校外，因此本书还是将幼儿园公共区域的范围划定在学校之内，在本节中对国外幼儿园公共区域空间拓展的相关内涵不做赘述。

最后，对幼儿园公共区域活动的内涵做出简要定义：幼儿园公共区域活动是指以幼儿为主体，在幼儿园室内及户外空间中进行的，能够共享空间、材料与活动经验的各类自主性活动。

二、本书中的幼儿园公共区域活动

本节的第一部分已经对幼儿园公共区域活动的普适性概念做了分析与阐述。下文将结合思贤幼儿园公共区域的创设及活动开展情况对幼儿园公共区域活动的内涵进行进一步的界定。

思贤幼儿园的公共区域主要分为户外公共区域、专用活动室及连廊三类。三类公共区域空间特征不同，在空间层面上是相对独立的，当活动参与者进入不同的公共区域时，他们能够快速了解到关于不同公共区域活动的相关内容；但在活动开展的组织层面上，不同的公共区域又是彼此联系、联动互通的。一方面，思贤幼儿园的公共区域及其活动处在平等、互补、互利、共生的有机生态式的关系中；另一方

①王春燕．共享区域：幼儿园区域活动的新视点 [J]. 上海教育科研，2008(3):81–83.

面，思贤幼儿园的公共区域活动主体是多元性的。幼儿是活动的主体，但同时教师、家长及一些其他社会人员也会通过不同的形式参与到公共区域活动中。

因此，本书对幼儿园“公共区域活动”的概念做更加具体的界定：以幼儿为活动主体的，多方参与的，在幼儿园户外公共区域、专用活动室及连廊中进行的能够共享活动空间、材料与活动经验的各类自主性活动。

第二节　幼儿园公共区域活动的理论依据

幼儿园公共区域活动脱胎于幼儿园班级区域活动，其实践的开展为幼儿提供了多元、自主的活动与发展机会。缺乏理论支撑的实践是盲目的，理论是支撑实践长期有序开展的重要保障。要长远地推进实践的发展，就必须了解其中蕴含的理论。那么，支持幼儿园公共区域活动开展的核心理论是什么呢？下文对建构主义、多元智能理论、高瞻课程理论做简要阐述。

一、建构主义理论

（一）认知建构主义理论

以皮亚杰为代表的认知建构主义流派认为，学习者是在发现问题、解决问题的过程中，通过改变原有的二元认知图式来建构知识的；通过多角度对信息进行建构，实现对信息的深度理解。为最大限度地完善学习者的认知，教育者需要为学习者提供富有变式的问题驱动的学习环境。具体到幼儿教育中，应鼓励幼儿通过探究、交流等方式进行多方面的练习，以此来解决问题，进而完善自身认知。

基于以上要点，思贤幼儿园从以下几个方面对公共区域的创设与活动组织进行优化。通过营造良好的探究氛围，建构主动学习的环境，鼓励幼儿主动观察并发现问题，同时尝试自主解决问题。在公共区域的创设过程中，教师并不会直接展示“成品”，适当的“留白”与“缺陷”会成为幼儿探究的动力来源。

在公共区域活动中，教师应考虑幼儿的个体差异性，为处于不同发展水平的幼儿提供适宜的材料与问题情境，引发认知不平衡的状态，促进幼儿的认知图式的改变。在同一公共区域内，教师需要提供多层次的探究材料与潜在的待发掘的问题情境，让每个幼儿都能在适合自身发展水平的情境中自由、自发地进行探究。

基于认知建构主义对“多形式、多情境”的强调，思贤幼儿园在公共区域活动中，为幼儿设置不同的问题解决情境，让幼儿通过多种途径运用新获得的信息与技能，巩固和完善新认知，发展核心经验。

在活动过程中，教师引导幼儿进行及时的反思、交流与总结，推动幼儿不断回顾自己的思考过程。

（二）社会建构主义理论

以维果茨基为代表的社会建构主义学派强调，幼儿需要在真实的情境中，通过真实的合作及情境化的互动方式实现发展水平的提升。在这一过程中，社会建构主义尤其注重比学习者具备更高发展水平的个体对于学习者的引导。与集体教学不同，公共区域活动更强调幼儿活动的自主性、自由性。那么，在公共区域活动中，教师如何才能做到对幼儿进行支架式引导，并且尊重与保护幼儿在活动中的主体性呢？

一方面，在公共区域活动中，教师要引导幼儿加强对公共区域真实情境的认知，例如，请教师组织幼儿通过了解本地古镇、商业街的现状去发现公共连廊中存在的问题，并且依据幼儿发现的问题在公共区域差异化的情境中寻求具体的解决方法。另一方面，教师要引导幼儿认知真实情境，同时强调幼儿同伴资源的价值，倡导合作学习。思贤幼儿园充分利用公共区域的开放性，组织跨班、跨年龄段的混龄活动，鼓励幼儿通过“以大带小”的方式促进幼儿的社会性发展与认知水平的提升。此外，思贤幼儿园公共区域活动的创设并非单纯由教师主导，而是注重利用公共区域创建的机会实施交互式学习，实现教学相长。在创设公共区域环境与开展公共区域活动的过程中，教师与幼儿共同发现、探究、解决问题，在共建中实现幼儿与教师双方发展水平的提升。

二、多元智能理论

加德纳多元智能理论认为个体具有多种智能，包括语言智能、数理逻辑智能、音乐智能、空间智能、身体运动智能、人际交往智能、自我认知智能与自然认知智能。多元智能理论倡导多因素组合的智力观念，强调不以单一维度衡量个体发展，注重多领域的共同发展。在创设公共区域的过程中，思贤幼儿园依据公共区域空间的不同特征，组织幼儿开展发展不同领域经验的活动，强调让幼儿在公共区域活动中得到多领域、个性化的经验支持，助力幼儿多元智能发展。

三、高瞻课程理论

高瞻课程理论源自皮亚杰的认知发展理论与建构主义理论，该理论强调幼儿在活动中的主动学习，倡导幼儿自主制订活动计划、决定活动内容，突显幼儿作为课程活动掌控者和自我发展负责者的角色定位。不同活动相互渗透，促进幼儿在与材料互动、实现活动计划的过程中实现自我发展。高瞻课程以活动区为媒介，在活动中实现幼儿对核心经验的掌握。高瞻课程理论的活动区在本质上即区域活动空间，因此在创设幼儿园公共区域及开展公共区域活动的过程中，高瞻课程理论的要点与操作策略都非常值得借鉴。基于高瞻课程理论，思贤幼儿园以下面内容为要点开展公共区域活动。

首先，不同公共区域活动的相互渗透及经验的连贯性是需要考虑的要点之一。尽管幼儿阅览室、创意美术室等公共区域有较强的领域指向性，但在不同的公共区域活动中，不同领域的经验是相互渗透的。这一点不仅体现在公共区域活动的组织过程中，也蕴含在创设公共区域环境的过程中。在同一公共区域，幼儿既能获取某一区域的系统性经验，还能收获与活动内容相关的其他领域的经验。

其次，活动计划的制订与执行是开展公共区域活动必不可少的环节。在开展公共区域活动的过程中，幼儿需要根据自己的兴趣与活动开展的实际情况制订活动计划，并在活动过程中对活动计划进行不断调整，使活动计划更加贴近活动实际。在此过程中，幼儿能够养成制订计划和反思的习惯，并增强对自身行为的认知与控制能力。

第三节　幼儿园公共区域活动的探索历程

2015 年 6 月，江苏省一大批幼儿园实施了江苏省课程游戏化群提出的课程改革，提出了课程改革的第一步支架：改造教师的儿童观和教育观，从儿童行为观察、指南目标领会、空间管理、时间管理、资源管理、自主生活管理六个方面开展改革实践。吴江区教育局普通教育科及教研室积极响应，以项目为切入点，在“幼儿园生活化游戏化课程建设”的总体思路下，全面推进区域性实践。2015 年，吴江区教育局下发《基于课程游戏化理念的幼儿园户外游戏环境改造意见》，思贤幼儿园在文件精神的引领下，用时一年对户外场地及室内区域进行整体改造，根据幼儿好奇、好动、好玩的天性，结合现有空间、地形条件，以尊重幼儿兴趣、经验为基础，创设了拓展区、小竹林等户外公共区域。2017 年，江苏省教育厅下发《关于加强学前教育教研工作的意见》，文件指出幼儿园应从五个方面审议和改造课程方案，指出需要“审议室内外环境，从儿童活动的需要而不是从利于教师管理的角度规划空间，室内外环境要更具有生命气息，包容多样化的资源，有利于多种活动充分开展”及“审议课程资源，将基本玩具、多样化材料以及具有生命气息的环境作为最重要的课程资源，关注幼儿感兴趣的自然现象、生活活动、事物材料、文化民俗等，让幼儿与环境资源充分互动”。这也引发了幼儿园对“如何更好地挖掘区域游戏价值，更充分利用幼儿园资源促进幼儿的成长？”的思考。

作为西方教育的舶来品，幼儿园区域游戏在国内发展时间不长，但国内幼儿园对班级区域活动环境的创设及活动的开展已经形成了相对成熟的体系。思贤幼儿园决定拓展班级区域活动，利用剩余空间创设公共区域。

一、阶段一：且行且思，定位基本概念

在创设幼儿园公共区域的过程中，对“幼儿园公共区域”的最初定义是“幼儿园中的共享活动区域”。根据《幼儿园教育指导纲要（试行）》《3—6岁儿童学习与发展指南》等文件精神，可将幼儿园公共区域大致划分为户外公共区域和室内公共区域。

（一）反思一日生活，明晰公共区域的基本特征

在公共区域投入使用一段时间后，思贤幼儿园的教师根据江苏省教育厅发布的“六个支架”纲领，基于对一日生活的反思，从六个方面对幼儿园原有活动存在的问题进行梳理：一是部分公共区域缺乏灵活性和拓展性，幼儿参与度低；二是公共区域活动投放的材料层次性较弱；三是教师对公共区域活动的定位过于狭隘，仅将其作为集体教学活动的延伸或补充；四是公共区域活动间缺乏有机联系；五是公共区域活动时间不足；六是教师在公共区域活动过程中对幼儿活动的观察不足。

在对实践问题进行初步梳理的过程中，教师意识到幼儿园公共区域并不仅仅是“公共的区域”，其活动性质、材料投放与传统的班级区域活动都有所差异。在空间具有“公共性”的基础上，教师更应当关注和深入探究幼儿园公共区域的教育价值，从幼儿整体发展和实现课程目标出发、完善幼儿园的环境建设，丰富和充实环境的内涵，为幼儿提供既安全、稳定、有序又具有一定挑战性的环境。

（二）针对性改进不足，明确公共区域创设方向

根据上述提及的问题，思贤幼儿园的教师在讨论后提出了以下具有针对性的改进措施：一是倡导以全参与理念规划公共区域，鼓励幼儿、教师和家长共同参与户外公共区域、专用活动室和连廊区域的改造；二是聚焦游戏材料开展深度教研，使教师材料投放的策略更加灵活和多样化；三是强化理论学习，更新教师的观念，指导其以更开放的视角看待公共区域活动在课程实施中的价值；四是梳理各公共区域资源，从核心价值和联动价值方面研讨可能引发的活动，促进公共区域间的融合开

展；五是通过审议一日活动环节，保障幼儿游戏时间；六是注重教师对幼儿活动的观察研究，通过“有图有真相”的教研活动，支持并鼓励教师基于对儿童的观察发表观点，帮助教师形成观察意识和提高观察兴趣。

通过这些措施，思贤幼儿园增加了公共区域的数量，在材料的收集、投放方面做了相应完善，并进一步明确了幼儿园公共区域创设的后续方向。

二、阶段二：厘清步骤，初定创设方案

在明晰了幼儿园公共区域的初步概念与空间设定后，思贤幼儿园经过自主设计、专家审核指导、及时修正改良，形成了户外公共区域和专用活动室整体改造方案，并在此基础上针对各公共区域的特点制订了个性化方案。

在设计公共区域的过程中，思贤幼儿园总结出了“研究特色，制订计划”“提供软硬件设施”“实施与记录”“反思与调整”四步走的区域创设步骤。

首先，幼儿园从公共区域的名称、方位布置、三维空间要求、专业设备及教玩具资源等方面初拟条件，制订课程资源利用计划。

其次，依据计划从硬件环境和软件储备两个方面做好活动场地、设施、材料、工具的准备工作。前期准备工作就绪后，教师组织幼儿在公共区域开展活动，做好相应的活动记录并进行保存。

最后，教师结合公共区域活动记录，对公共区域空间创设中出现的问题进行反思。学校不定期邀请南京师范大学、苏州幼儿师范高等专科学校等高校的专家多次对公共区域的创设做出评估，并针对待解决的问题进行实践指导。

在这一过程中，教师在实践与专家的带领下慢慢转变了对于幼儿园公共区域活动的认知，逐渐改变“公共区域是集体活动的补充”等狭隘的教育观，从更加科学、全面的角度看待幼儿园公共区域。

三、阶段三：抓住痛点，聚焦重点公共区域

幼儿园课程改革的第一个支架是改造教师的儿童观和教育观，这一改革使幼儿园课程实施的面貌发生了重大变化，但问题也随之而来：怎样在新的观念下有效开展教育活动呢？毕竟，真正做到“儿童在前”并非易事。据此，思贤幼儿园聚焦“江苏省课程游戏化第二个支架：改造教师的专业知识和能力结构”，展开专题学习，并结合幼儿园现状进行调整和优化，初步明确公共区域活动组织与实施的思路。

（一）着力打造重点公共区域，构建多层次学习共同体机制

思贤幼儿园成立思幼课程开发小组，吸纳、优选小组成员，并对幼儿园的历史、

现状、课程开发基础进行调研和分析，借助课程游戏化专家指导小组的力量，从课程理念、目标、内容、实施、评价等多个关键维度入手，初步形成幼儿园多元能力探索课程方案。

在幼儿园多元能力探索课程方案的基础上，思贤幼儿园围绕思趣园、小竹林、拓展区等重点公共区域，构建了多层次学习共同体。每个学习共同体由园长、年级组长、骨干教师、高层次人才及一线教师等不同层次人员组成，这种多层次的组合不仅增强了团队内学习者能力的互补性，也让学习研讨过程迸发出更多的灵感与火花。

这一阶段的主要目的是通过“一活动三研”的形式开展重点公共区域组织与实施的深度研究，旨在帮助思贤幼儿园的教师了解不同区域的基本环境规划与活动组织要点。在小组学习过程中，大家首先对重点功能区域进行了资源梳理，如对思趣园的植物资源进行盘点、对小竹林的地形特征进行总结。在此基础上，每个学习小组还依据公共区域的功能定位及空间特征对其空间进行更加科学的划分，对区域内的资源价值进行深度分析，通过经验链接初步预设可开展的活动，梳理出可供同年龄段借鉴的资源清单和活动列表，便于各班基于班级幼儿兴趣和需求开展活动实践。这一过程中，教师梳理出一系列幼儿园重点公共区域资源开发与利用丛书，为后续的区域创设与活动方案的预设提供实用的资料。

（二）结合教学实践，建立专业书籍进阶阅读机制

思贤幼儿园响应2017年江苏省教育厅《关于加强学前教育教研工作的意见》建立专业书籍进阶阅读机制的号召，注重以“学”提升教师素养，以课题研究为主线，结合园部教科研活动多维度开展读书活动，引导教师用所学理论指导实践，在实践中验证自我对理论的理解。

第一，结合学年计划，打造重点公共区域，围绕《幼儿园户外环境创设与活动指导》《让早期学习理论看得见》等书籍循序渐进地开展精读活动，学习书中的理论和具体操作案例，以帮助教师掌握公共区域设计的思路和策略，便于其更好地运用于实践。

第二，继续深化科学、数学、音乐领域的关键经验，开展每月一次的理论学习，通过深度引读，帮助教师了解各年龄段幼儿具体的学习与发展水平，以便教师运用科学的观察有效地支持幼儿开展活动。

在这一阶段中，思贤幼儿园形成了高效、常态化的公共区域学习共同体体系，教师通过理论研读与创设重点公共区域的实践，科学地建立了对幼儿园公共区域及其活动的较为基础的认知框架。

四、阶段四：以点带面，优化全园各区

（一）依托重点公共区域的资源，进行个性化的班本课程的开发

在完成对重点公共区域的创设后，思贤幼儿园的教师与幼儿一起自主选定并“承包”一个公共区域。教师依据公共区域的活动性质及园本课程，结合本班实际，进行班本化调整。教师从幼儿的学习与发展水平出发，分析班级对应的公共区域可能蕴含的核心经验，与幼儿一起对区域进行有针对性的环境创设及活动开发。

在这一阶段，思贤幼儿园的教师在探索过程中对课程的内容、结构与实施策略分别进行了完善，使其更加贴合幼儿的经验，也增强了公共区域与园本课程的联系，提高了公共区域资源的利用效率。许多优秀活动案例、项目活动方案及主题活动方案在这一阶段诞生，这些方案有清晰的脉络，实操性、趣味性强，能够为幼儿进入不同公共区域并自主地开展活动提供可靠参考。

（二）借助资源地图与共享数据资源库，建立跨年龄段区域活动体系

在每班完成对“承包”的公共区域的创设后，思贤幼儿园的教师对公共区域环境创设及活动开展的基本原则已经有了较为深入的认识。但这种认知是具有较大局限性的，因为公共区域的类型不同，活动性质不同，不同年龄段幼儿在其中进行活动所需的活动支架也就不尽相同。如何形成科学的公共区域活动体系，帮助全园的教师与幼儿在进入“非承包”区域时也能快速了解区域活动的重点，并根据各班的发展需求快速搭建活动支架已成为当前亟待解决的问题。

为解决这一问题，思贤幼儿园在查阅相关文献资料的基础上，对全园所有的公共区域资源进行了统整，教师与幼儿一起绘制了幼儿园公共区域资源地图，并建立了共享数据资源库。在幼儿园公共区域资源地图中，教师可以直观地了解到不同公共区域的空间特征与活动特征；而共享数据资源库则为教师提供了详尽的资源清单和各类活动方案，便于教师之间的互动与分享。

在这一阶段，思贤幼儿园重组了公共区域学习共同体，通过自主报名的方式在每组中吸纳小、中、大三个年龄段班级的教师，并延续多层次学习共同体的人员组成模式，对每个公共活动区域进行分主题研讨、分年龄段进行公共区域的课程实施论证。

在这一阶段，思贤幼儿园成功建立了跨年龄段的公共区域活动体系。教师借助学习共同体的主题性研讨，从公共区域的空间规划、材料投放、师幼互动策略、教师对幼儿的观察评估等多方面进行研讨，全面地了解公共区域创设的理论基础与实

践要点；通过分年龄段的公共区域的课程实施论证，了解公共区域中不同年龄段幼儿的活动特点及教师需要提供的相应支持，了解如何基于儿童发展适宜性原则对区域进行优化，确保幼儿在三年的公共区域活动中能获得经验的增长。

“纸上得来终觉浅，绝知此事要躬行。”回首思贤幼儿园七年的公共区域创设历程，教师与幼儿共同探索理论与实践，让公共区域从简单满足幼儿玩乐的物理空间慢慢发展为能够为幼儿提供爱与归属感的共创的游乐场，最后成为能够尊重幼儿个性化需求，促使幼儿在活动中实现自我有效发展的大舞台。

第四节　幼儿园公共区域活动的类别

本节将以思贤幼儿园为例，对公共区域进行划分，介绍公共区域活动。

一、户外公共区域

（一）思趣园

思趣园内阳光充足、草木葳蕤、曲径通幽，既是幼儿亲近自然、探索自然的好去处，也是以角色扮演、艺术表达和科学探究活动为主的户外公共区域。该区域植物资源和动物资源丰富，幼儿沉浸其中，赏果、采摘、烹饪、榨汁……调动多种感官，发现大自然的万象更新和四季特征，在操作体验中获得有益经验。

赏果

观察树木

烹饪

榨汁

（二）沙水区

沙水区设于背风向阳的东面场地，由干沙池、湿沙池、圆形水池和长河道组合而成。沙水活动应当是动态的，幼儿大胆畅想在沙池中挖掘河道，包括设计、深挖、注水、防水等，始终围绕问题的解决，层层推进，将生活经验迁移至沙池游戏中，不断操作、体验，呈现出一系列精彩纷呈的沙池游戏场景。

造沙堡

运水

插旗帜

挖水渠

（三）“自然博物馆”

“自然博物馆”由幼儿园灌木绿植区改建而成，新增木质平台、阳光廊架和涂鸦黑板等。该区域以对自然资源的开发与利用为核心，幼儿可以在此欣赏花卉的奇异色彩，或采集、拓印各种不同纹理的树叶，或利用安全矿物油对花叶进行创意塑型……“自然博物馆”旨在全方位支持幼儿对园内自然资源进行更深入的观察、发现和探索，是幼儿展现对大自然的感知、认识和创造能力的重要区域。

自然物收集分类

自然物拼贴

植物写生

观察认识植物

（四）小竹林

小竹林由竹林种植地改建而成，是以竹子为载体，集科学探究、体育游戏于一体的户外公共区域。郁郁葱葱的竹林屏障是幼儿天然的探究场所，坡道、石头、木桩等不同材质铺成的小路为幼儿提供丰富的趣味性。“昆虫博物馆”是小竹林的延伸场所，基于幼儿在竹林探秘时对昆虫的兴趣打造而成，和昆虫相关的问题在这里都能得到解答。幼儿可以带着透明的器皿寻找昆虫，用彩色纸圈标记竹笋，再背着竹篓走七彩小路，在探索自然的过程中获得身心愉悦的体验。

认识竹林

寻找竹笋

做木桩平衡游戏

完成主题记录表

寻找草丛中的昆虫

（五）玩木区

玩木区毗邻小山坡，是一个集木工创意与身体运动于一体的户外公共区域。玩木区被划分为工具区、材料区、操作区、装饰区和作品展示区5个区域。幼儿戴上护目镜，在敲敲打打、来回拉锯中，小小的木工作品就完成了，幼儿成就感满满。

山坡之上的树屋平台是幼儿十分喜欢的一方天地，他们能与同伴在布艺吊床上恣意畅谈、分享喜悦，木质索桥、攀岩板块为他们提供了具有挑战性的项目。幼儿在与环境的有效互动中，获得多元智能的发展。

木工制作（一）

木工制作（二）

自由绘画（一）

自由绘画（二）

（六）玩石区

玩石区的小路两旁分布着种类多样、大小不一、形态各异的石头。玩石区被划分为探石区、画石区、写生区等。幼儿借助有坡度的木桥，结伴玩起“谁的石头滚得远”游戏；利用天平探寻出“最重的石头”；搜集树叶、石头、树枝，将其创意组合成艺术画作。幼儿在自然、开放、多元的环境中探寻奥秘。

石头创意画

石头彩绘

滚石头

石头与自然物拼画

（七）玩泥区

玩泥区临近水池，主要分为泥池区、泥塑区、泥巴厨房区、材料区和清洗区 5 个区域。幼儿装备齐全，和同伴一起思考、计划、合作，共同完成设计图任务，并在泥池中挖坑、建堡；去种植地采摘、清洗、烹饪，做一顿可口的饭菜；将用锡纸包的食物放在烤火架上烤，听炉内发出“嗞嗞”的声响……幼儿愉快地对话、协商，将生活经验迁移至厨房游戏。

筑篱笆

和湿泥

做泥罐

烤泥菜

（八）涂鸦区

涂鸦区位于幼儿园东面围墙处，由6块玻璃涂鸦板组成，每块涂鸦板旁边配有材料架和水池，可提供纸盒、储水桶、画笔、滚刷等工具。幼儿喜欢用各种颜料自由地在涂鸦板上绘画，喜欢探索各种涂鸦工具的用法，喜欢探究各种清洗工具，他们对新奇事物有强烈的好奇心，愿意动脑思考、动手操作，探究新方法。

纸盒涂鸦

玻璃墙涂鸦

地面脚印涂鸦

自然物材料涂鸦

（九）骑行区

骑行区位于幼儿园北面水泥地区域，地面画有车道分界线和人行横道，同时配有双人、单人和三轮、四轮等不同类型的小车及锻炼手脚协调能力的踩踏车。幼儿利用交通标志，把场地变成马路，在“交通警察”的指挥下文明行驶。另外，在骑行区附近楼梯间配备绘本阅读区，幼儿可以在其中阅读、交流，实现动静交替。

骑行（一）

骑行（二）

骑行（三）

“小交警”

（十）拓展区

拓展区位于向阳的南面操场，主要提供迷你彩梯、帐篷、水管、垫子、轮胎、沙袋等材料，以探险情境游戏为主。面对造型多变、颜色多彩、用途多样的轻器械，幼儿可以自由拿取、自主搭建，在宽阔的场地和复杂的“地形”中钻、爬、跑、跳、投掷等，发展动作的协调性和灵活性。

攀爬（一）

攀爬（二）

管道平衡爬

钻爬

（十一）综合运动区

综合运动区不仅有大型滑梯、摇摇马、滚筒车、攀爬网等游戏设施，还有木梯、轮胎、龟背、滚筒、彩色迷宫、海绵垫等组合材料，幼儿可合作搭建千变万化的游戏场景。

综合运动掠影（一）

综合运动掠影（二）

爬

钻

（十二）阳光运动区

阳光运动区以篮筐、木梯组合、荡桥、小木屋等大型设施为主，幼儿可以进行投篮、攀爬、滑梯等游戏，呼啦圈、绳索等材料的组合增强了游戏的趣味性。在运动中，幼儿发展了身体平衡能力和感统协调能力。

投篮（一）

投篮（二）

攀爬

下跳

（十三）户外建构区

户外建构区以大型碳化积木为主，提供木夹板、奶粉罐等辅助材料。幼儿通过堆积、排列、组合等建构活动，结合附近区域联动游戏，获得认知经验和建构经验，提升社会交往、创造及语言表达能力。

大型建构（一）

大型建构（二）

“高塔”

建构近景

二、专用活动室

（一）创意美术室

创意美术室以幼儿的兴趣与需要为导向动态变化，设有“编编绕绕”、自然创意、巧手布艺、千“纸”百态和创意展示等7个区域，提供丰富的材料支持幼儿发现美、感受美、创造美，尽情地自由发挥想象力和创造力！

平面纸绘

平面板绘

制作“水乡房屋”

绘制“水乡河流”

（二）幼儿阅览室

幼儿阅览室是依据不同年龄段幼儿的阅读需求和兴趣所创设的，符合他们个性的、自由且温馨的公共阅读区域。根据空间大小，思贤幼儿园从倾听与表达、阅读与书写两个方面入手，规划了图书借阅区、自主阅读区、集体分享区、视听区、书写区和表演区 6 个区域。幼儿或安静地坐在小垫子上翻阅图书，或和两三个好友戴着头饰演绎童话故事，或转动故事骰子即兴创编故事，或用画笔描述书中五彩的世界……一同踏上阅读的奇妙旅程。

自主阅读

点读

阅读表演

分享阅读

（三）生活体验室

生活体验室创设真实的活动情境，配备电磁炉、微波炉、烤箱等厨房用具，教师可以结合节气或主题引导幼儿开展各类生活活动，培养幼儿基本的生活能力，让幼儿从中体会劳动的乐趣。在这个自由、自主的空间里，幼儿穿上专业的“厨师服”，在真实的环境中边做边玩、边玩边吃，通过亲自操作，获得对食材、工具及饮食文化的相关经验，悦享厨趣，快乐游戏。

做月饼

做青团

三、连廊

（一）小镇长廊

小镇长廊是结合“我的家乡”主题所创设的，具有本土特色、以角色游戏为主的连廊公共区域。小镇长廊充分挖掘吴江传统文化资源，设有旗袍馆、剪纸馆、锡器馆、蚕桑馆、茶馆等6个区域，供不同年龄段幼儿开展游戏活动。

穿上工作服

绘制装饰河流

买卖时令小吃

喝茶

（二）科技长廊

科技长廊是结合“科技新生活”主题所创设的，以科学探究游戏为主的连廊公共区域。科技长廊设有光影区、建构区、操作实验区、涂鸦区、阅读区等6个区域，功能丰富、情境化的游戏空间不断激发幼儿科学探索的欲望。一个个奇思妙想、一项项有趣实验、一个个神奇现象，让幼儿在亲近科学、喜欢科学、走近科学中，培育心中的“小科苗”。孜孜不倦地探究、独具匠心地设计、不拘一格地创新，幼儿在探究中收获满满。

软管听声

光影建构

贝板互动

认识电子产品

（三）思贤小舞台

思贤小舞台是利用幼儿园挑空场地打造的连廊公共区域，兼具表演和运动的双重功能。在表演时，楼梯台阶为幼儿看台，台阶下方为幼儿装扮材料间；遇到特殊天气时，思贤小舞台可作为幼儿运动场地，提供轮胎、竹梯、麻绳等，供幼儿搭建、钻爬，在小小的空间里，展示个性与才能。

个人舞蹈

双人对唱

台阶运动（一）

台阶运动（二）

（四）阅读长廊

阅读长廊在僻静的角落一隅，其功能定位为亲子阅读，为幼儿、家长提供丰富的绘本、手偶等材料，营造舒适、有趣且具有启发性的亲子阅读氛围，培养幼儿良好的阅读兴趣和习惯。

亲子阅读（一）

亲子阅读（二）

（五）建构长廊

建构长廊共分为异形积木建构区、纸筒建构区和 STEM 建构区 3 个区域，分设在幼儿园的不同楼层，为不同年龄段的幼儿提供不同材质、形状和连接方法的建构材料。幼儿通过平铺、垒高、架空、延长、围合等方式，建出“高楼大厦”“立交桥”“美丽的家园”……个个造型独特，富有新意！

异形积木建构（一）

异形积木建构（二）

纸筒建构

STEM 建构

第五节　幼儿园公共区域活动的特征

幼儿园公共区域活动是以幼儿为活动主体、多方参与的，在幼儿园户外公共区域、专用活动室及连廊中进行的能够共享活动空间、材料与活动经验的各类自主性活动。幼儿园公共区域活动在活动主体、空间等方面的特性也决定了它具有一些显著特征。

一、公共性

公共性是公共区域活动的首要特征，它不仅表现为有形的物理空间，比如教师和幼儿共同生活的活动空间，还表现为心理层面的意义空间，即个体在公共生活中能够被接纳、被尊重、被关爱，从而使空间中的每一个个体都能“成为他自己”。公共区域以全人教育为目标，为幼儿创设自由、宽松的活动环境，内容涉及五大领域，充分满足幼儿全面发展的需求，促进幼儿身心全面和谐的发展。

二、开放性

幼儿园各公共区域活动既相对独立，又有机融合。幼儿在参与公共区域活动的过程中，可以长时间地在某一区域开展一种活动，独立完成一件作品或解决一个问题，不与其他公共区域活动的参与者进行交流；也可以根据自己的需要随时离开原有的活动，到另一公共区域参与其他活动。在更多的情况下，公共区域活动因其综合性需要不同的游戏角色，在活动过程中不断吸引不同公共区域的幼儿进行对话与交流。

三、自主性

在幼儿园公共区域，幼儿是活动的主体，他们根据自己的兴趣和需求自由、自主地选择不同的活动区域、材料与开展活动的形式。公共区域多样的活动环境、自由的氛围与丰富的材料为幼儿自主开展活动提供了相应的物质支持与心理支持。在活动过程中，教师通常不会干涉幼儿的活动进程，而是扮演支持者、引导者与合作者的角色，在幼儿遇到活动瓶颈时为幼儿提供适当的帮助与引导。

四、情境性

幼儿园公共区域活动能够促使幼儿自主开展活动的一个前提是区域能够支持幼儿感知、发现问题并引发幼儿独立思考，而情境性是支持仍处在前运算阶段的幼儿感知实际问题并着手解决的重要因素。

五、动态性

动态的公共区域活动环境有助于为幼儿提供一个灵活、富有启发性的学习场所，满足幼儿多元化、动态化的成长需求，同时也能更好地培养他们的自主能力和适应能力。

随着幼儿成长需求的不断变化，公共区域活动环境也需要进行相应的改变。首先，通过移动隔断柜、改变空间布局等方式调整活动场地的结构，以增强公共区域空间的丰富性与挑战性。其次，根据活动过程中的实际反馈和需求，有针对性地更新活动区域的材料、游戏主题等内容，以保持公共区域的吸引力。

动态的公共区域活动能够激发幼儿的自主性发展。通过不断调整空间结构和更新活动内容，幼儿能够更好地参与到不同类型的活动中，从而提高自身的创造力、解决问题的能力，增强自主学习的意识。

六、共享性

幼儿园公共区域活动的共享性表现为幼儿对空间、资源或活动等的共享与使用。共享公共区域活动凸显的不仅是区域空间上的共享，也是时间、材料、计划、活动的共享，更是情感、创意、经验的共享。公共区域为幼儿共同生活、共同游戏、共同学习提供空间，公共区域活动注重幼儿的兴趣需要，营造合作、探究、游戏的群体氛围，让幼儿通过共享的空间和材料及自主游戏，感受人和材料、环境及群体之间的关系，感悟童年生活的美好。

幼儿园公共区域的设置不仅满足了幼儿活动的需要，也扩大了幼儿的交往范围，为幼儿相互活动、分享经验提供了机会。共享区域活动通过区域共享、资源共享、创意共享和活动共享等，有效地促进了幼儿的成长。

本章重点总结

1. 幼儿园公共区域活动的基础理论包括建构主义理论、多元智能理论与高瞻课程理论。

2. 公共区域活动的类别主要包括户外公共区域、专用活动室及连廊的活动。

3. 公共性、开放性、自主性、情境性、动态性、共享性是幼儿园公共区域活动的主要特征。

第二章 多方同构：幼儿园公共区域活动的环境创设

第一节 幼儿园公共区域活动空间规划

一、空间规划的原则

幼儿园公共区域活动在公共区域开展，公共区域活动空间需要依据其原有的空间特征及幼儿园公共区域活动的性质进行规划，以最大限度地实现公共区域活动的独特价值。下文从安全性、开放性、实用趣味性、丰富包容性和留白可变性五个方面阐述规划幼儿园公共区域活动空间时必须遵循的基本原则。

（一）安全性

1. 材料与场地安全

学前儿童多处在活泼好动的阶段，爱跑、爱跳是他们的天性；在活动的过程中，幼儿专注时间有限，自控能力不如成人，往往会不断切换专注目标；经验与自我保护能力极为有限，好奇心驱使他们在活动中不断进行新的尝试。

幼儿的这些特征让教师不得不将安全放在规划幼儿园公共区域活动空间的第一位。

（1）材料安全

教师在选用自制教玩具材料时要尽可能选用耐用、无毒的材料，避免因材料碎裂而产生有害幼儿健康的粉尘、碎片，也避免因幼儿好奇而误食材料产生危险。在日常教学活动中，教师应向幼儿介绍各种材料的特质与正确使用方法，帮助幼儿认识到错误使用材料可能会造成的危险后果。通过增强幼儿的安全意识与丰富幼儿的安全知识，从根本上杜绝幼儿误食有害物质等情况的发生。对于可购买的现成材料，须从正规渠道购买具有生产合格证的产品。

另外，对于可能存在安全隐患的器械材料，幼儿园应建立安全维护工作体系，确保日常报备检修及定期专人检修，最大限度地排除因材料老化、破损而造成的安全隐患。

(2) 场地安全

场地安全至关重要，不可轻视。其一，应避免使用粗糙、坚硬的活动地面，尤其在户外公共区域，要多提供自然软化的地面，如沙地、草地、土质山坡等，以防止幼儿在活动时因地面过硬而摔倒受伤；其二，在容易发生碰撞的活动场地，须配备好防撞缓冲设施，如在户外爬梯游戏处铺设充足的海绵垫，在连廊或专用活动室拐角处贴上防撞条；其三，在环境中设置必要的安全规则提示，引导幼儿在活动中遵守规则，避免因秩序混乱而引发安全事故；其四，如果幼儿在具有风险的场地中进行活动，幼儿园需要为幼儿准备好必要的护具，如头盔、护膝等。

地面安全标志

防摔海绵垫

(3) 避免为了“绝对安全”而削弱空间可探索性

需要注意的是，幼儿在活动过程中是具有主观能动性的，学会保护自己的人身安全和在各类活动中迎接挑战也是他们在成长过程中的必修课。

衡量材料与场地安全性的标准是动态的，在考虑材料和场地安全时，教师要充分倾听幼儿的想法；在与幼儿协作准备材料、布置活动场地的过程中，需要考量幼儿的自我保护意识与能力水平，根据幼儿的不同情况对现有的材料与场地进行适当调整；在选用安全材料、布置安全场地时，教师还需要提升幼儿的活动体验质量，为幼儿提供一个安全且富有挑战性的公共空间，避免从成人视角出发追求“绝对安全”，而削弱了幼儿园公共区域活动空间中必要的可探索性。

(二) 开放性与多样性

公共区域活动空间的开放性与多样性体现在以下几个方面：参与者的开放性、空间格局的开放性与空间功能的多样性。

1. 参与者的开放性

参与者的开放性意味着参与空间布局的人员既不局限于作为传统教学实践中的

主导者——教师，也不局限于作为活动主体的幼儿，还包括参与幼儿园教学实践的家长及其他社会人员。

虽然幼儿是幼儿园公共区域的主要使用者，但是幼儿园空间作为一个容纳教师、幼儿、家长及其他社会人员的公共场所，其服务的对象是多元化的。因此，在进行公共区域布局时，需要考虑到不同人群的需要。

幼儿是创设公共区域环境的主体，教师是引导、支持幼儿，与幼儿共同创设公共区域环境的重要角色。除幼儿与教师之外，思贤幼儿园还非常注重家长在创设公共区域环境中的重要作用。在创设公共区域环境的过程中，思贤幼儿园会通过填写经验调查问卷、鼓励亲子共同创作公共区域的材料等方式提高家长对公共区域环境创设的参与度，提高家长对思贤幼儿园公共区域环境的认知。幼儿家长在入园接送幼儿、参加开放日活动等过程中也能够与幼儿在园内公共区域进行活动，并为思贤幼儿园公共区域环境的创设提供宝贵的参考建议。

2. 空间格局的开放性

公共区域属于幼儿园整体空间的一部分，过于封闭的空间创设会阻碍公共区域活动向外拓展的可能性，因此教师需要确保每个公共区域都具有适度的开放性。

如何确保公共区域的开放性？教师可以通过组合具有内在联系性的活动空间，以活动联动来增强空间的开放性。当两个或更多独立的活动区域紧密结合时，会引起幼儿更多的社会互动行为，而社会互动行为可以极大地促进公共区域空间的整合。

在思贤幼儿园创设户外运动公共区域的过程中，沙水区、玩木区和玩石区被集中安排在幼儿园中心场地的东南角。3 个公共区域的地面材质各不相同，活动参与者能够快速地分辨出 3 个区域的大致空间界限：沙水区的地面铺的是沙子、鹅卵石，玩石区主要是石地，玩木区则设在不规则的草坪上。尽管空间界限明晰，但幼儿在进行活动时往往能够将 3 个区域进行有机融合，使沙水区、玩木区和玩石区形成一个“三足鼎立”的大活动区域。因为以上 3 个相对独立的活动区域之间的材料可以进行互换与补充，活动存在较强的联系。

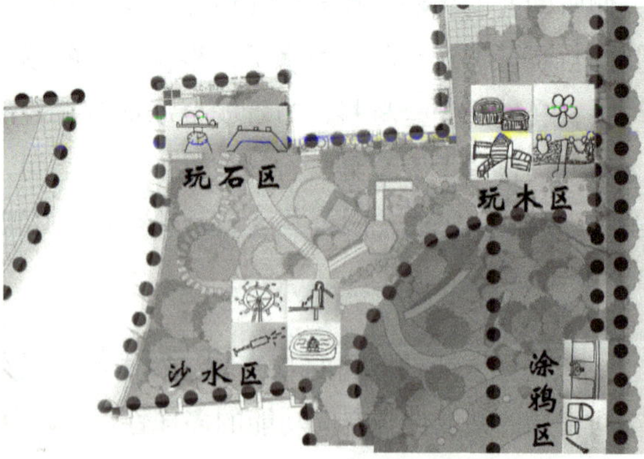

大活动区域

除了沙水区、玩木区和玩石区构成了共融的公共区域空间，思贤幼儿园还在创设公共区域的过程中将小镇长廊与创意美术室安排在同楼层的相邻空间中。小镇长廊的活动情境性、游戏性强，随着活动情节的推进需要不定期对长廊中售卖的“工艺品”“小吃”“服饰”等进行及时的更新，如果长廊“店铺”中的商品不能够根据“顾客”的要求进行调整，“店铺”也会生意惨淡。创意美术室有各类丰富的材料，且与小镇长廊相近，因此幼儿常从创意美术室这个“工艺品制造工厂”中“进货”，不断替换游戏活动中损坏的材料，或用丰富的美工材料不断更新、完善小镇长廊中已有的作品。

3. 空间功能的多样性

思贤幼儿园对每个公共区域都有预设的特定功能：创意美术室主要促进幼儿在美术领域的发展，骑行区主要促进幼儿的肢体协调发展，科技长廊主要促进幼儿的科学探究经验的发展……在预设的公共区域功能之外，教师也鼓励幼儿在活动中充分发挥主观能动性，对不同公共空间的功能进行重新定义，让幼儿能够以自己的视角去创设公共区域活动的环境。

在思贤小舞台区域，有连通一楼、二楼由台阶构成的“观众席”：当一部分幼儿在思贤小舞台上表演时，观众就坐在“观众席”上欣赏演出。在阴雨天时，思贤小舞台则作为幼儿的室内运动区域。通常，幼儿只是在思贤小舞台前使用如跳绳、呼啦圈等户外运动器材，活动区域以平地为主。在游戏开展一段时间后，有的幼儿尝试将观众席的台阶也当作游戏的场地。他们将锻炼用的长竹梯架在观众席的台阶上，一次又一次地尝试如何固定长竹梯，如何成功地在斜架腾空的长竹梯上爬行。在幼儿的尝试下，思贤小舞台区域的观众席变成了广受欢迎的室内体育活动区域。通过幼儿的奇思妙想，原本只有单一功能的公共区域焕发出了更多的生机，拥有了更多的可能性。

作为观众席的台阶

作为室内运动区的台阶

（三）实用趣味性

1. 环境规划与布置注重趣味探索性

对于幼儿来说，幼儿园是一个大型的游戏场。作为大游戏场中的不同分区，如何使公共区域富有趣味探索性?

首先，环境要以幼儿为主体。在布置公共区域环境的过程中充分利用儿童化的标志，包括幼儿易于理解的现成图示、幼儿自己制作或绘画的表征。在语言运用方面多使用充满天真、童趣的语言。如果条件允许，还可以录制幼儿的语音、视频，并以幼儿能够自主操作并倾听或观看的方式将多媒体安置在公共区域，让幼儿能够通过多样化的渠道感受儿童化的环境。这一做法不仅可以让幼儿更好地理解活动空间的各类规则，还可以调动幼儿的积极性，鼓励他们与教师共同设计、布置环境，增强他们的主人翁意识。

其次，环境要富有探索性。一个没有探索性的空间是枯燥无味的，难以激发幼儿参与活动的热情。探索性意味着幼儿能够在环境的“表面”之下发掘到更多隐藏的元素，意味着环境中给予幼儿的信息对于现有发展水平的幼儿而言存在一定的挑战性。一方面，教师可以通过在幼儿园公共区域创设多元、丰富的空间，以增强空间的可探索性；另一方面，环境能够支持处在幼儿最近发展区的相关活动；在使用空间的过程中，教师需要根据幼儿的发展情况适时调整空间布局，增加幼儿园公共区域活动的“新鲜感”，以强化其可探究性。

2. 空间创设材料的选择注重经济互动性

由于公共区域环境中的材料需要经常更换，全部使用现成的昂贵的布置材料可能会带来不必要的经济负担，并且幼儿在此过程中也会失去部分参与创设环境的机会。因此，在创设公共区域环境的过程中，教师可以充分利用学校的资源库及家园合作的资源回收分类制度，与幼儿共同改造环保材料，如废旧纸张、各类瓶子及旧纸盒等，将其以和谐的方式放置在公共区域中。考虑到这些材料的可获得性与经济实用性，教师与幼儿可以定期或不定期地对环境中的材料进行更新，以满足幼儿不断变化的发展需求。

此外，互动性也是公共区域环境布置不可缺少的重要特征。游戏是幼儿最为重要的学习形式之一，互动则是引发幼儿游戏的关键要素之一。具有互动性的公共区域环境为幼儿提供了“玩”的机会，让幼儿能够在自由自发的玩乐过程中对环境布置产生兴趣，进一步增强其在公共区域探索的动机。活动空间中墙面、地面的多维度可操作材料能够有效地增强环境的互动性，如在墙面增加机械装置、可涂鸦的墙壁或能够替换拼贴材料的泡沫板，让幼儿乐于在公共区域中获得更多有益的经验。

互动有声科普装置

互动机械装置

（四）丰富包容性

1. 空间能够支持不同种类活动的开展

教师在规划公共区域空间的过程中，往往会为特定区域赋予特定的功能：户外公共区域是具有更开阔空间且与自然更加紧密相连的自主活动场所。专用活动室是指为特定活动或功能设立的房间，包括创意美术室、幼儿阅览室等，创意美术室一般是让幼儿通过绘画、手工等操作体验来发现美、感受美、创造美的场地；幼儿阅览室是组织幼儿在其中阅读或倾听的最佳场所。连廊是指连接幼儿园内不同建筑或空间的走廊或平台，通常用于提供遮阳、避雨、通行等功能，其中思贤小舞台是幼儿发挥想象，创意表演的自由空间……但随着幼儿活动的持续深入、经验的逐渐丰富，空间功能的单调性日益凸显，活动的丰富性受到限制。这不禁让人思考一个问题：同一领域的活动是同质化的吗？并不是。同一发展领域下促进幼儿发展的活动具有多种形式。幼儿在动静结合、多种多样的活动中发展某一领域的相关经验。因此，即使是在同一公共区域空间内，也要为不同性质类型的活动留下相应的空间。

以幼儿阅览室为例，思贤幼儿园的幼儿阅览室不仅为幼儿提供了自主阅读区，还设置了让幼儿交流阅读感想的集体分享区，配备了拥有多媒体与木质台阶的视听区、提供写画材料的书写区，以及手偶等材料的表演区等。幼儿阅览室的不同分区能够支持不同类型的阅读活动的开展，让幼儿在同一公共区域获得指向同一领域或主题下的多方面经验，从而实现更加全面的发展。

2. 空间能够支持有不同发展需求的幼儿

幼儿的发展具有差异性，教师在衡量幼儿发展水平时不能以一把尺子去衡量所有的幼儿。基于此，思贤幼儿园在规划公共区域活动空间的过程中以为幼儿提供不同难度、不同内容的活动为抓手。

在户外公共区域中，教师通过创设不同的地形、提供具有操作难度差异的大型器械，以满足幼儿个性化的发展需求；在连廊与专用活动室中，通过设置细致的分区为幼儿提供各类活动，支持幼儿多元化的发展。年龄层次、发展水平、活动偏好不同的幼儿都能够在公共区域活动中找到适合自己的空间与活动。

（五）留白可变性

1. 可以依据幼儿的需求和兴趣及时调整空间

幼儿是活动空间的主人，当幼儿的兴趣偏好或发展需求发生改变时，公共区域的环境应能够跟随幼儿的变化及时调整。

一方面，教师会通过对幼儿的日常观察不定期地改变公共区域的主题内容，使之更加贴近幼儿的已有经验。在思贤幼儿园的公共区域活动中，教师与幼儿采用“活动准备—活动开展—活动总结”的模式。这样的三段式活动模式能够有效地帮助教师与幼儿在每一次公共区域活动后及时发现活动发展方向与区域空间创设之间存在的“空白地带”，并着手调整。另一方面，教师在公共区域为幼儿提供方便取用的各类空间布置材料。幼儿在改变区域活动内容时可以根据需要自主改变空间的布局及装饰。

2. 可以提供展示幼儿学习、游戏过程的空间

学习轨迹可以帮助学习者回顾自身的学习活动过程并梳理、总结活动经验；同时，一部分幼儿的学习轨迹还能够帮助未参与活动的幼儿快速了解公共区域的活动内容及方式，丰富他们的相关活动经验。

在公共区域内，应预留便于幼儿观察的墙面或柜架，通过幼儿海报、绘画作品、手工作品等展示幼儿的学习过程与成果。在展示幼儿学习轨迹的过程中，需要注意保留幼儿在学习过程中的“关键节点”，通过文字记录、录音记录等方式呈现出幼儿的所思所想。在记录与呈现学习轨迹时，教师需要注意两个要点。

自然物手工作品展示

大型美工作品展示

儿童海报——树叶运动会

儿童海报——山楂红了

儿童海报——我是中国娃

第一个要点是“持续”。学习轨迹旨在助力幼儿更好地探究，而不是单纯展示，因此学习轨迹的记录应是动态变化的。墙面的学习轨迹记录应随着幼儿探究活动的进行持续更新、补充，而非在活动结束后以“完美”的形式被呈现出来。

第二个要点是“共享”。公共区域是不同班级、年级幼儿共享的空间，因此学习轨迹的呈现是开放、共享的。不同幼儿的学习轨迹都应有机会被呈现在公共区域，使幼儿能够基于学习轨迹进行交流与分享。

二、空间规划的策略

上文对规划不同公共区域活动空间的共性原则做了简要阐述。当教师将目光聚焦到具体的、不同种类的幼儿园公共区域活动空间规划问题上时，又可以采用何种策略？以下依据幼儿园公共区域活动空间的类型，对幼儿园户外公共区域、专用活动室及连廊 3 种空间的相应规划策略做分类说明。

（一）户外公共区域规划的策略

1. 生态性：让户外活动成为儿童亲近大自然的日常契机

城市在不断发展，交通逐渐便利，高楼大厦拔地而起，人们在设计城市的过程中并没有为儿童留下充足的、与大自然接触的空间。除此之外，网络等技术的发展也让更多儿童沉溺于室内娱乐，不愿走出家门去拥抱自然。儿童在自然、在户外活动的时间逐渐减少。理查德·洛夫在《林间最后的小孩：拯救自然缺失症儿童》一书中提出了“自然缺失症”这一概念，指出儿童与自然的断裂与肥胖症、注意力缺陷和抑郁症存在着联系。大自然是人类生存的最初家园，其中蕴含着丰富的信息，是促进幼儿健康成长的重要因素。下面介绍利用幼儿园的户外活动来弥补当前幼儿与自然接触不足的问题的策略。

（1）保留自然活动场地：保留多种自然地形

在户外公共区域的地面设计上，思贤幼儿园保留了多种地表形态。来自大自然的地表形态能够为更多类型的户外活动提供相应的场地。例如，相对平坦的草地可供幼儿奔跑，铺有非固定鹅卵石的平坦地面可供幼儿锻炼平衡力，小山坡为幼儿滑草与徒手攀爬提供条件，小片林地让幼儿爬树的愿望得以实现，泥地为幼儿玩泥巴提供便利条件……

木梯组合

小竹林

小山坡

玩石区

具备多种地形的自然活动场地不但可以支持幼儿开展多种多样的户外活动，还可以增强幼儿对于自然界常见样态的了解，习惯与不同的自然环境打交道，从而增强其运动适应能力。

在保留场地自然性的同时，思贤幼儿园也为幼儿提供了遮蔽设施，避免幼儿在户外活动中因接收过多的紫外线而烧伤皮肤，不因阴雨天气而打乱活动节奏，从而保证幼儿户外活动的顺利开展。

骑行区的遮蔽设施

（2）保留生态多样性：保留自然植被与其他生物栖息地

除了地形的多样性，户外活动区域还需要保留多样的生物栖息地和自然植被。

思贤幼儿园有山坡、沙地、水池、草坪、泥地等多种地貌，为幼儿观察、了解其中生存的各种生物提供了必要条件；园内还种植了多种类型的植物，便于幼儿观察植物四季的生长变化。以幼儿园中心露天果园——思趣园为例，其中便有橘子、石榴、柚子、柿子等果树 17 种，共 34 棵。幼儿能够在四季变换之中观察到果树的抽芽、开花、结果、落叶的种种形态，了解植物的生长规律与不同植物的特征。

此外，为方便幼儿观察感兴趣的昆虫，教师还在综合活动区域旁建造了“昆虫博物馆”。“昆虫博物馆”里有昆虫标本、幼儿收集的各类自然物，以及幼儿用硬纸板盒等材料自制的“昆虫旅馆”。幼儿可以在“昆虫旅馆”中观察昆虫的形态及生存状况。

2. 挑战性：环境中蕴含挑战

（1）冒险性游戏环境：减少非必要的辅助

户外公共区域是幼儿进行户外活动的重要场所。与参加室内活动不同，幼儿在参加户外活动时往往会面临更多的不确定性。户外活动的不确定性为幼儿学习自我保护与规避风险提供了机会，因此教师在布置户外活动环境时，应坚持“最少的干预、最多的观察、最大的耐心、最有效的指导”的原则，减少非必要的辅助材料，从而在确保幼儿活动安全的前提下帮助幼儿更加直观地认识到活动中存在的风险。

跳鞍马

由高处往低处跳

综合运动区活动掠影

以综合运动区为例，思贤幼儿园将其分为南面操场拓展区、中间操场活动区和西面运动区。南面操场拓展区主要提供迷你彩梯、帐篷、水管、垫子、轮胎等材料，以“探险情景游戏”为主。幼儿自由组合搭建材料，进行“真人对战”等情境游戏。综合运动区除了有大型滑梯、摇摇马、滚筒车、攀爬网等游戏设施，还提供木梯、轮胎、龟背、滚筒、彩色迷宫、海绵垫等组合材料，结合国旗台等现有资源，形成不同的游戏场景，发展幼儿的走、跑、跳、攀爬、平衡等多方面的运动技能。所有的材料由幼儿自行搭建与组合，以锻炼幼儿面对风险时解决问题的能力。

（2）在同一空间设置不同的活动难度梯度

滑索处提供垫脚凳

教师在环境中为幼儿创设挑战情境的同时，也要考虑幼儿发展水平不同的情况，在每一个户外公共区域都设置不同的活动难度梯度。例如，教师为幼儿准备了不同坡度、高度的滑梯及大小、重量有所差异的爬梯，在固定的长龙爬架吊环处及滑索处提供了可移动的垫脚凳，从而方便幼儿根据自身的需求进行选择。

在沙水区，为了满足幼儿对游戏挑战的要求，在与幼儿讨论商议后，教师在“小河”上放置了木板、竹梯、砖头等物品。这些材料的大小、稳定性都有差异，幼儿借助其通过“小河”的难度也有所不同。在游戏之前，教师会为幼儿提供符合其年龄发展水平的“过河”材料。在游戏过程中，幼儿先尝试适合自己年龄段的“过河”材料，然后根据自己的情况再选择是否尝试“更容易”或“更具有挑战性”的“过河”材料，在能够熟练进行游戏后再逐步提升材料的使用难度。

3. 多元性：为不同领域的探索留出空间

思贤幼儿园的户外公共区域活动内容多元、形式丰富，涉及多个幼儿发展领域。户外公共区域包括户外建构区、综合运动区、骑行区、玩泥区、涂鸦区、玩石区、玩木区等多个区域，既有领域指向性强的区域，也有多领域融合的综合性活动区域。领域指向性强的区域便于幼儿在活动中有针对性地提升某一领域的发展水平；而综合性活动区域能够更好地帮助幼儿整合各领域的发展经验。两种户外公共区域相辅相成，以其多元化的环境助力幼儿全面发展。

领域指向性强的户外公共区域有骑行区、玩泥区、涂鸦区。此处以涂鸦区、骑行区为例进行说明。涂鸦区位于幼儿园东面围墙处，由 6 块玻璃涂鸦板组成，每块涂鸦板旁边配有材料架和水池，可提供纸盒、储水桶、画笔、滚刷等丰富的幼儿涂鸦游戏工具，帮助幼儿通过涂鸦表达当下的情绪和认知，主要发展幼儿艺术领域的相关经验，在增强幼儿艺术表征能力的同时，发展其创造力、想象力及审美能力。骑行区设置在幼儿园北面，有双人、单人和三轮、四轮等不同类型的小车及锻炼手脚协调能力的踩踏车，每一辆小车都有编号和对应的停车位，路面上画有斑马线、双黄线、虚线等，提供交通信号灯和直行、掉头等指示牌，丰富幼儿游戏情节。骑行游戏可以锻炼幼儿的心肺功能，增强幼儿的下肢肌力、全身耐力，能够有效提高幼儿的手脚协调能力。

综合性活动区域有玩石区、玩木区等区域。此处以玩石区为例进行说明。玩石区是幼儿通过与石头互动，进行创想、设计、游戏的户外公共区域。思贤幼儿园玩石区设有探石区、画石区、写生区等，为幼儿提供大小不同、质地不同、形状不同的各类石头，引导幼儿通过寻石、拣石、洗石、晾石、说石、玩石、拼石、画石、赏石等方式，让这些石头“活”起来。此外，幼儿还会收集如松果、树叶等自然材料，与不同类型的石头进行搭配，组合出自己喜欢的图案。在玩石区中，幼儿在收集、称重的过程中获得了数学、科学等学科的相关经验，也在绘制、拼搭石头作品的过程中获得了自由创造的机会，实现了科学、艺术等领域经验的相互渗透。

（二）专用活动室规划的策略

1. 探究性：让“做中学”成为可能

相比于户外公共区域，专用活动室的空间更加封闭，创意美术室、幼儿阅览室与生活体验室等专用活动室在功能定义上对领域的指向性也更强。“单一”领域指向性也意味着专用活动室需要为幼儿提供更加系统的支持，让幼儿在专用活动室活动中获得某一领域中系统的经验。如何在“单一”领域指向的活动中激发幼儿的活动兴趣？思贤幼儿园通过以下三个策略来增强专用活动室空间的探究性。

（1）不规整的空间结构

在较为传统的教室中，幼儿的班级区域空间布局往往是相对规整的，其活动空间也更加直观，在进入教室后，幼儿基本一望便知所有的区域空间布局。但在专用活动室中，在保证幼儿园活动安全的前提下，思贤幼儿园通过专用活动室中的不规整空间打破了规整的室内格局，使幼儿在进入专用活动室时不能“窥一斑而知全豹”，进而产生在其中探究的兴趣。

不规整的空间结构可以通过以下几个方面着手构建。

幼儿阅览室

创意美术室

首先，丰富地面的层次。在专用活动室中，教师通过增加台阶、放置软垫等方式改变专用活动室空间中的地面高度，用不同的高度划分出专用活动室的不同区域，方便幼儿根据不同的地面高度辨别专用活动室中的活动分区。

其次，划定异形区域界限。在专用活动室中，除了规整的方形活动区域，教师还通过围合矮柜、设置台阶等方式创设出半圆形、波浪形等异形活动区域。除现有的异形活动区域之外，幼儿还可以通过改变专用活动室内的隔断摆放位置自行创设具有新形状的区域。不规整的空间结构为专用活动室的空间布置带来了更多变化，也为幼儿的专用活动室活动提供了更多创意启发。

最后，设置合适的视线遮挡。不同高度的隔断或悬空装饰在专用活动室中能够从地面或空中不同的维度对空间进行划分，让进入专用活动室的活动参与者需要通过考察专用活动室后才能够清楚地知悉其中的空间布置情况与材料投放地点。这一做法在帮助幼儿了解专用活动室的同时也增加了空间的趣味性与可探究性。

（2）留出功能不固定的区域

由于专用活动室旨在为幼儿提供系统化的领域经验，因此专用活动室中不同区域的活动对应着领域发展的不同核心经验，这使得一些专用活动室内分区的结构性较强。相较于综合性、多元化的户外活动空间与连廊，专用活动室的区域设置是相对固定的。尽管幼儿也可以根据自身的兴趣与其他发展需求改变专用活动室的不同活动区域的形状与大小，但专用活动室内活动区域的数量与主要的活动形式是相对固定的。那么，教师如何在此前提下保证幼儿在专用活动室空间使用方面的自由度呢？在专用活动室中设置功能不固定的区域是一个实用的方法。如此，幼儿既可以通过专用活动室中相对固定的已有活动发展较为系统的核心经验，又可以在功能不固定的区域自由、自主地进行创设与开展新形式的活动。

幼儿在思贤幼儿园的创意美术室东面的功能不固定的区域展示作品或进行集体创作等各类活动，在自由地创作与交流中创作出“垂虹桥”等大型美术作品；幼儿在生活体验室的靠窗桌子旁进行阅读、绘画或糕点制作，在阅读中加深对传统食品的认知，在制作美食的过程中借鉴绘本中的多种信息……功能不固定的区域赋予专用活动室的活动更丰富的形式，也增强幼儿在专用活动室活动中的创造力。

（3）避免固定单一的材料使用提示

在进入教室或幼儿园的一些公共区域时，教师经常会发现环境中的材料使用提示：如何通过揉团、搓条、压饼等方式使用橡皮泥，如何使用积木搭建出规整的城堡，等等。这些材料使用提示在幼儿接触材料的最初阶段能够帮助其快速了解材料的操作方式，发展材料使用过程中的核心经验。

但思贤幼儿园在专用活动室中有意识地减少了材料使用说明的各类提示。

在幼儿的一日生活中，相较于公共区域活动，幼儿更先接触班级区域活动，并熟悉其中材料的基础使用方法。专用活动室的操作材料相较于班级区域中的操作材料种类、数量更多，但指向的发展核心经验是大致相同的。因此，思贤幼儿园在专用活动室中减少了各类开放式操作材料的说明，避免“标准说明”限制幼儿的思维，鼓励幼儿发挥主观能动性，在专用活动室活动中组合不同的材料并创新材料使用方式；同时，教师根据幼儿的活动成果与幼儿共同更新专用活动室中的作品展示内容，使不同班级、年级的幼儿在进入专用活动室时能够了解他人采用的不同材料及操作方式，并不断在此基础上创新。

2. 秩序性：实现规则下的自由

上文已经提及，专用活动室的空间布局及活动内容较连廊与户外公共区域结构性更强，因此其空间的秩序感也更强。如何通过空间环境加强对幼儿秩序的引导，增强活动的秩序性？教师通过布置多维度的空间标志的方式达到这一目标。

环境是无言的教师。在公共区域的空间设置中，教师通过墙面、地面、收纳柜多维度的规则引导幼儿辨别公共区域中的不同分区、了解区域的活动内容与形式，如在生活体验室的操作桌面上放置分区引导牌，给烹饪区的墙面贴上不同颜色的墙纸，在地面贴上引导线，等等。

（三）连廊空间规划的策略

1. 灵活开放性：空间有待儿童“开垦”

（1）提供可移动的隔断，鼓励幼儿在活动中自主地对空间进行调整

相较于各专用活动室，连廊没有封闭的围墙，始终保持着较为灵活、开放的状态。更加开放的空间让幼儿有机会在连廊中开展更多内容、更多形式的活动。如何增强连廊的空间特性是教师与幼儿在创设连廊空间过程中需要考虑的问题。

一方面，连廊空间大，教师与幼儿最初对连廊空间进行规划时往往会对大空间进行划分，以具有不同功能的小区域支持幼儿在连廊中开展内容多元、丰富的活动。另一方面，空间要保持灵活开放，这意味着幼儿能够根据开展的活动自主地对连廊的空间布局进行调整。下文将对如何平衡空间的丰富性与灵活性展开介绍。

在思贤幼儿园的小镇长廊与科技长廊两条连廊中，教师根据幼儿的活动需求，为幼儿提供了不同材质的隔断，如纱质木框、竹编屏风，抑或低矮的收纳柜、展示柜。这些隔断材料都易于搬动，且功能各不相同。幼儿能够根据活动的需要，通过改变隔断的位置来改变空间布局。例如，在长廊中，锡器馆的参观人数众多，秩序有些混乱，那么教师就可以利用屏风扩大场地，用矮隔断柜放置更多幼儿的手工作品，同时增强对“顾客”进店线路的引导。

可移动屏风（一）

可移动屏风（二）

矮隔断柜

可移动屏风（三）

（2）听取幼儿的需求，教师辅助其进行空间调整

空间的变化能打破公共区域一成不变的格局，同时也能够让公共区域不断更新，更加贴近幼儿不断发展的经验。基于此，教师需要在规划空间的过程中充分听取幼儿的意见，保证连廊空间创设的开放性，允许幼儿对空间的功能重新定义。

在创设科技长廊一段时间后，幼儿对科技长廊活动的兴趣逐渐消退，对其中不变的材料与游戏内容似乎有些提不起兴趣。偶然间，大班幼儿在散步时对光影产生了兴趣，于是，教师不仅开展了班本探究活动，还开始探索皮影戏的奥秘。在活动过程中，幼儿与教师共同讨论如何为开展皮影戏活动做准备。

睿睿说："我觉得皮影戏先要有一块大大的、白色的布。"

恒恒说："对，应该还要有灯光，不然就看不出来了。"

文文说："我觉得应该要有那个在手上表演的东西（人偶）。"

澄澄说："不能在太亮的地方，要暗一点的。我觉得在'思贤号'里就不错，那里面挺暗的。"

于是，教师决定利用"思贤号"的空间，利用纸板和白色幕布制作一个皮影戏台，让幼儿在游戏中尽情地体验皮影戏的乐趣。

科技长廊中被冷落的"思贤号"因其黑暗的特性被幼儿赋予了新的功能。在讨论结束后，科技长廊中的"思贤号"一改原有的空间布局，成为幼儿研究光影变幻、体验皮影戏的新场所。至此，幼儿重新燃起对科技长廊中各类活动的兴趣。

幼儿的参与权与对公共区域空间的定义权需要被重视与保护，当然教师在此过程中需要扮演好支持者、引导者与合作者的角色，充分倾听幼儿对公共空间的需求，及时、科学地助力幼儿将活动兴趣融入幼儿园公共区域的环境布置中。

2. 可供性：为信息交流提供空间

作为连廊的一部分，幼儿园的门厅扮演着"门面"的角色。但美观并不是门厅存在的主要理由，为园内外群体提供信息交流的自由空间才是它最为重要的任务。

对幼儿园的教师、幼儿与家长而言，门厅与连廊是社会中的"第三场所"。它们在工作及家庭之外为人们提供了加强人际交往的机会，也有助于为个人与群体提供心理支持。[①]

① 李晴．基于"第三场所"理论的居住小区空间组织研究［J］．城市规划学刊，2011(1)：105-111.

（1）对家长：理解幼儿园课程信息，强化交流育儿理念

对家长而言，门厅可以直观地呈现园所的教育理念，帮助他们建立对幼儿园课程的理解，进而在一定程度上提升家园合作的质量。首先，家长可以通过门厅的主题展示快速了解当前幼儿园的活动开展情况与幼儿园的教育理念，并结合班级的家长园地调整家庭教育内容，从而更好地进行家园合作。另外，声光电一体互动式的园外资源地图通过语言、手工作品等形式为家长直观地呈现了园内外的教育资源，方便家长通过这些资源提升家庭教育质量。

思贤幼儿园园外资源地图

同时，幼儿园门厅也是一个供不同年龄段家长群体相互交流、探讨教育理念的绝佳场所。门厅内为幼儿提供了操作台与绘本资源，幼儿可以自由选择不同的材料进行操作或进行阅读活动。不同年龄段幼儿的家长在陪伴幼儿的过程中有充足的机会进行交流，通过聊天、讨论等形式了解不同的教育理念，不断更新自身的育儿经验。

（2）对教师：整合幼儿园课程信息，加强园所资源利用

门厅的主题活动展示能够直观地为教师呈现目前园所不同年龄段的课程进展状况，帮助教师了解整个园所的课程资源使用概况，同时让教师在每日经过的短时间中有机会知晓在同一主题课程下不同班级活动的亮点与可借鉴之处，方便教师博采众长，以完善现有的课程。

定期更新的幼儿园资源地图也可以帮助教师充分挖掘、利用园内外各类资源，开展多样化活动。幼儿园利用自然材料，结合幼儿园户外公共区域特色，通过绘画、手工等形式进行立体互动式园内资源地图制作，从而帮助教师快速了解班级当天户外活动区域的具体情况。

3. 情境性：儿童化的主题性空间

就空间结构而言，幼儿园的连廊是较为开放的，儿童化、具有主题性的特点能够使其整合开放空间的活动，让幼儿投入其中，专注地进行活动。此处，以思贤幼儿园三楼的“科技长廊”为例进行分析。

（1）鲜明的空间主题

科技长廊位于思贤幼儿园三楼公共连廊，主题鲜明。它结合大班主题活动“科技新生活”，围绕智能出行、智能家居、智能通信等线索打造，以科学探究游戏为主。在科技长廊中，幼儿不仅可以置身具有未来感的“建筑”之中，还可以登上快速前行的“高铁”。科技感十足的科技长廊设有光影区、建构区、操作实验区、涂鸦区、阅读区等游戏区角，把无生命的物理空间变成幼儿能积极主动参与，能与之对话、互动的探究空间，最大限度地激发幼儿的探索意识，培养幼儿的实践精神，满足幼儿科学探究活动的需要。

（2）儿童化的情境

科技长廊现代感十足，其中的材料多为幼儿和成人共同准备的科学探究材料，内含大量的儿童学习痕迹，为幼儿的活动创设了一个儿童化的情境。

在光影区，有随时可取用的实验调查表，幼儿能够记录并分享自己的发现；在建构区，展板上呈现师生共定的游戏公约，以及幼儿的游戏规则图、问题解决记录；在骑行区，幼儿利用墙面张贴了关于共享单车的游戏经验；在操作实验区，幼儿将他们的作品放在作品展示架上；在涂鸦区，幼儿在进行科学实验、绘本阅读之后能够根据自身想法大胆地用绘画的方式进行创作与表达。

第二节　幼儿园公共区域活动资源库建设

一、资源库建设的原则

（一）且行且思：结合理论与实践

理论是实践的基石，实践是理论的检验标准。幼儿园公共区域资源库是用来支持幼儿园公共区域活动的开展的，因此其建设也须符合幼儿园公共区域创设的基本理念。

在建设幼儿园公共区域资源库的过程中，幼儿园首先需要明确幼儿园公共区域建设的理论基石与幼儿园公共区域资源库建设的方向、路径。在理论的加持下，幼儿园需要不断地在实践中回顾与反思具体的行动策略，并对其不断地加以完善。明晰理论与完善实践策略这两个过程是相辅相成的，如鸟之双翼、车之双轮，共同推动幼儿园公共区域资源库建设的发展。明确幼儿园公共区域建设的理论基石，需要幼儿园教师进行系统化的理论学习，并结合理论内容，通过多样化的学习方式将理论融合到实践中去。

一体两面的实践反思与理论架构也意味着幼儿园公共区域资源库的建设是动态化的。由于资源库的建设者在实践过程中会不断加深与更新对于相关理论的认识和理解，并且幼儿园公共区域实践与幼儿的发展也是动态化的，因此幼儿园公共区域资源库的建设需要不断根据实际进行调整，以满足公共区域动态化的实践需求。

（二）多方共建：共商议、同参与

幼儿园公共区域活动的参与者是多元化的，因此幼儿园公共区域资源库的建设也应当是多元化的。在幼儿园公共区域活动环境的创设过程中，不同的活动参与者应该都有机会参与到公共区域资源库的建设过程中。

多方共建首先表现为幼儿、教师、家长等群体均有在建设公共区域活动资源库的过程中的话语权。当不同参与者的建议和意见被倾听与采纳时，建设公共区域资源库的过程便成为将多方意见进行汇总、筛选的过程，也成为多方合作共同完善幼儿园公共区域体系的良好契机。

多方共建还体现在多群体对资源库建设的物质贡献上。尽管幼儿是幼儿园公共区域活动的主体，但教师、家长在公共区域环境的创设中都扮演着不可或缺的角色。只有当多方参与到资源库的材料收集、调整过程中，资源库建设才能真正提升多群体的参与度，从而进一步增强幼儿、教师与家长等多群体对幼儿园公共区域活动的认同感与对公共区域的归属感。

（三）系统全面：搭建科学的结构

资源库不仅仅是材料、数据的堆积，更应该是一个能够提供资源支持与索引的科学体系。幼儿园公共区域资源库覆盖多年龄段、多发展领域，内容繁杂，因此构建资源库内在的系统、搭建全面的结构框架是实现资源库高效运转的重要前提。

不同于班级区域，幼儿园公共区域面向的是全园不同年龄阶段的幼儿，因此其活动需要满足多年龄段幼儿的发展需求。相应地，幼儿园公共区域资源库的全面系统性也就体现在其对多年龄段幼儿发展需求的支持方面。幼儿园公共区域资源库中的资源能够为处于不同年龄段、发展水平不一的幼儿提供差异化、连贯的发展支撑。

一方面，幼儿园公共区域活动指向多个发展领域。因此，幼儿园公共区域资源库中的资源要能够涵盖不同的发展领域，并实现领域核心经验的相互交融。另一方面，资源库的管理应当系统、全面。资源库不是静态的资源仓库，而是一个动态的、不断生长的、发展的资源库。一个良好的幼儿园公共区域资源库需要有清晰的运作系统、管理系统，以实现资源的及时更新、完善与取用放还。

二、资源库建设的策略

（一）阅读强化，转变教师资源观

1. 读专业理论类书籍，明晰资源建设范畴

幼儿园结合专家意见与教师队伍的层次性，推荐适宜的阅读书目，并根据书目内容选择不同的对象，带领教师开展阅读学习分享活动。例如，由业务园长带领学习《3—6 岁儿童学习与发展指南》《幼儿园教育指导纲要（试行）》等，以纲领性理论转变教师教育观念，引领教师行动，提升教师专业能力；由保教主任领读《幼儿园户外环境创设与活动指导》《小小探索家——幼儿教育中的项目课程教学》等，让教师深入了解公共区域环境的创设理念与途径；由高层次引进人才领读各领域关键经验系列丛书和《让早期学习理论看得见》等理论性较强的书籍，每月制订读书计划，通过共读活动让教师掌握更多的专业理论知识；再推荐《有力的师幼互动——促进幼儿学习的策略》《幼儿行为观察与记录》等较容易理解的书目。教师根据课程组织实施的需要自由选择、自主阅读，并尝试将学习到的理论与实践相结合。例如，思贤幼儿园近期正在共读《小小探索家—— 幼儿教育中的项目课程教学》，教师通过“前期自主阅读—集体研讨（绘制项目课程网络图）—亲身实践（收集幼儿问题）—共读交流（调整项目课程网络图）—再次实践（实施项目课程）”这个循环往复的过程，进行思维碰撞，不断检视自身的公共区域课程实践，逐渐提升对幼儿的观察与行为分析能力。

2. 读实践经验类书籍，学习资源开发思路

从初涉台中市爱弥儿幼教机构、林意红的《甘蔗有多高》《鸽子》到幼儿园课程资源丛书之《小小饲养员》《小小美食家》等，从对幼儿园课程故事研究丛书之《冻不住的好奇心》的学习和课程资源到对儿童经验丛书之《神奇的大叶榕》《一树百荻》等的深入研究，教师逐渐认识到：① 幼儿园公共区域课程资源的利用是把源于幼儿生活的资源转化为教育活动，引发幼儿与资源的有效互动，引导幼儿建构有益经验，实现“资源—活动—经验”闭环生长的过程。② 在对幼儿园公共区域活

动资源进行利用和开发的过程中，教师要善于寻找课程的线索和切入点，为幼儿提供发展空间和可能性。③ 在公共区域资源库建设的过程中，教师要充分尊重家长作为课程合伙人的地位，将他们卷入整个课程实施的过程中。

（二）依托教研，重塑教师课程观

1. 专家团队伴随式指导

专家团队伴随式指导有助于帮助幼儿园明确公共区域活动环境创设的方向，不断完善公共区域活动开展的具体策略。

自 2015 年至今，苏州市吴江区教育局邀请江苏省第二师范学院、苏州幼儿师范高等专科学校等高校的专家团队，将其分为 3 个小组，每月 1—2 次对区域内幼儿园课程游戏化建设开展长期伴随式指导，活动主要围绕课程审议、有效观察、有效开展教研活动、园本课程方案建构、课程资源等内容，以现场展示、亲身实践、案例分析等形式展开。思贤幼儿园积极组织骨干教师参加每次的教研活动，回园后组织全体教师进行二次培训，园内教师实操后进行案例分享，从而形成适宜本园的课程建设经验。以点带面，全面更新教师的教育观念，提高教师课程设计与实施能力。下面以一次专家伴随式指导活动为例，介绍该活动具体是如何推进的。

2020 年 6 月，在“由树资源引发的主题活动（从主题的、系统的角度利用资源）”专题研讨活动中，各幼儿园从不同的角度进行了树资源开发案例的分享，探讨了以“树木”为核心话题的探究切入点、引发的线索，以及从主题活动、非主题活动两条不同路径去进行资源开发与利用的思路。基于专家的梳理引领，回园后，思贤幼儿园组织教师聚焦近期研究的思趣园、小竹林、玩木区 3 个重点公共区域的草坪、竹子、银杏树资源，从不同的路径进行资源的开发，在实践与反思中，教师逐步建立资源开发的思考路径；同时，以点带面，将经验迁移至其他资源的开发中，更好地促进幼儿园公共区域活动的实施。

2. 园本教研聚焦

为了让每位教师参与到公共区域活动资源库的建设中来，首先，教师通过多元调查、教师访谈、问题征集、日常观察、家长调查等方式，对园内外资源的开发与利用进行了自主检视、盘点与梳理，深度了解了课程资源建设的现状，并对问题进行了梳理、细化、分类，主要问题如表 1 所示。

表 1　课程资源建设面临的主要问题

	理论类	实践类
问题	1. 课程资源是什么？ 2. 资源与课程资源之间的区别是什么？ 3. 如何对捕捉到的资源进行正确的价值判断？ 4. 资源除对接《3—6 岁儿童学习与发展指南》、各领域关键经验之外，还有哪些丛书值得推荐？ 5. 在传染病肆虐的情况下，家长在进行资源利用时需要遵循的原则和策略是什么？ 6. 对资源进行审议时应该从哪儿个方面入手，才能更好地指导资源的开发与利用？ …………	1. 幼儿园周边的资源有哪些？ 2. 不同类型的资源的利用模式与路径有何异同？ 3. 如何支持幼儿在与资源的相互作用中获得发展？ 4. 如何通过活动把资源转化为幼儿的经验？ 5. 如何调动家长参与资源建设的积极性？ 6. 如何平衡班级内的资源箱和走廊公用资源的收集、整理和使用？ 7. 在课程资源实施过程中如何做到兼顾每一名幼儿的兴趣和能力？ 8. 在课程资源开发之后如何及时整理与优化？ …………

其次，对具体的问题进行分析、聚焦，主要包括以下三个方面：① 教师缺乏对幼儿园公共区域资源开发的认识，无论是广度还是深度都远远不够，表现为显性资源开发不够丰富，隐性资源开发不够敏感，资源利用的深度和持续性不够。② 幼儿园资源管理使用意识较弱，无论是资源的收集、盘点、整理还是使用，都缺少系统梳理、实操经验。③ 幼儿园对资源利用不到位，停留在自主开发的层面，缺少有指导性的资源开发利用原则。

再次，聚焦资源建设中的问题，开展分步走、小切口的分层研究。园级层面共绘资源图、年级层面同审资源单、班级层面深挖资源点，通过“园级—年级—班级”的分层探索，依托实地体验、头脑风暴、分析研讨等形式多样的教研活动，寻找可以落实“课程资源—幼儿活动—幼儿经验”途径的方法，让教师对资源建设从一种模糊的认识变成一种鲜活的经验。

最后，教师通过学习理论、开展教研活动，不断拓展自身的知识与经验范畴，这种知识不仅包含儿童发展和教育的知识，还包含一些基础性的文化知识；同时在实践与理论的对接过程中，强化自身的反思和分析意识，有助于其对原有知识的重构与对新知识的内化，理念不断获得更新。当然，理论的学习、教研活动的助推伴随着资源建设实践行动的全过程，这一过程也是教师资源观、课程观重塑的过程。

（三）多方参与，盘点园内外资源

1. 骨干领衔，成立课程资源项目组

在课程资源核心组的引领下，思贤幼儿园将幼儿园公共区域活动资源建设与全园课程资源建设相结合，充分发挥骨干引领和课程资源核心组成员的辐射作用，成立园部资源建设项目小组，对园内外资源进行盘点、梳理。

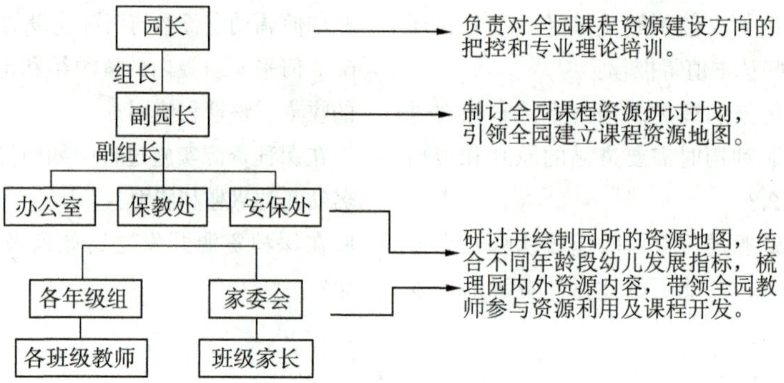

园部资源建设项目小组构成图

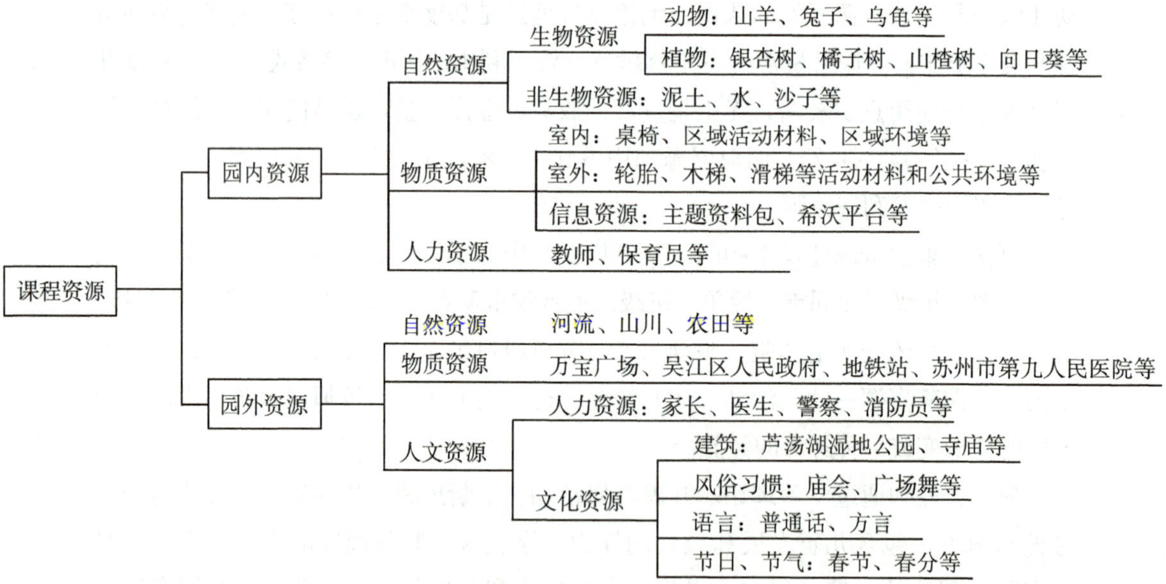

课程资源构成图

2. 多主体参与，资源大盘点

（1）初步调查园内外资源

课程资源核心组教师根据地图，搜寻以幼儿园为中心、以 3 千米为半径的范围内的各类资源，选择适宜的园外资源进行标注，绘制出仅关注资源归类的园外资源地图 1.0 电子版，帮助大家更全面、更清晰地了解周边园外可利用的资源及分布情况。

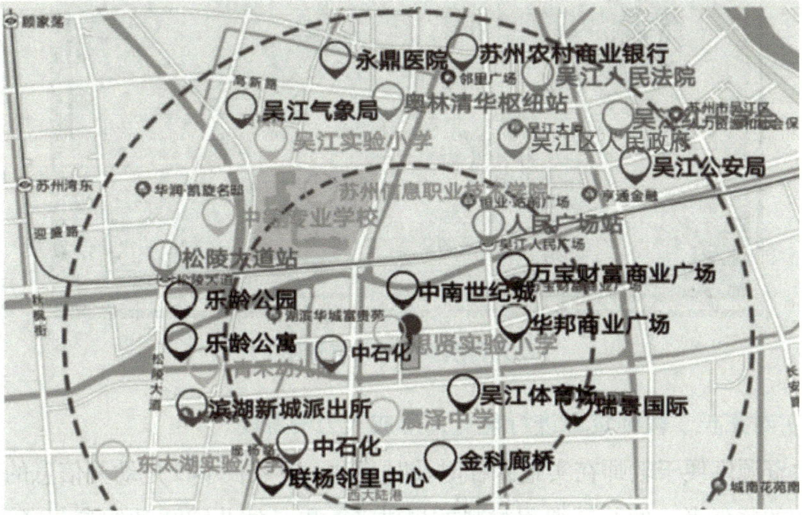

园外资源地图 1.0 电子版

基于原有地图，师幼共同制作园外资源地图（视听版），摆放在园区大厅。教师在资源地图上标注好哪些是已开发资源，贴上二维码，扫一扫即可看到资源开发的情况；同时，通过右下角的对应按键可以聆听幼儿关于资源与已开展活动的介绍，从而让幼儿、家长与资源地图真正地“互动”起来，在资源挖掘、开发、利用的循环中建构资源地图。

思贤幼儿园园外资源地图

同时，让幼儿参与园内资源梳理的过程，如有计划地带幼儿逛幼儿园，激发其对户外游戏区域的兴趣，并将自己的发现通过自然材料拼搭出来，合作绘制幼儿园里的户外区域地图。

幼儿园里的户外区域地图

（2）对家长、教师资源进行盘点，形成人力资源库

人力资源库便于教师在实施课程时及时互动，使家长不仅是幼儿信息的分享者、幼儿活动的督促者、幼儿园课程材料的提供者，更是幼儿园活动的参与者、幼儿经验的提供者、幼儿园课程的审议者和评价者，从而让家长在履行责任的过程中完善自我，在参与和感受中发展自我。

3. 聚焦公共区域，挖掘课程资源

有了前期的园内外资源的盘点梳理，教师对课程资源的认识不断加深。通过实践，教师逐步达成共识：与幼儿真实生活相连的资源都可称为课程资源，生活中的一切，大到社会问题，小到一片叶子、一朵花，还有抽象的知识、经验，只要能与幼儿相互发生关系并能促进幼儿成长的就可以成为课程资源。

面对丰富的园内外资源，思贤幼儿园从幼儿触手可及的身边资源入手，深度开发园内公共区域资源，在原有资源库的基础上不断向外拓展。接下来，从几个方面具体介绍思贤幼儿园的做法。

（1）通盘科学规划，全面拓展课程资源

《幼儿园教育指导纲要（试行）》指出：环境是重要的教育资源，应通过环境的创设和利用，有效地促进幼儿的发展。幼儿的游戏多是基于生活经验的再现或再创，课程资源能够更好地激发幼儿的兴趣和需要，促进他们的经验生长。因此，每年幼儿园对园内公共区域环境进行改造时，教师会更多地带着课程意识，关注资源的利用价值，让环境成为对幼儿学习和游戏有用的资源。

① 规划空间，拓宽游戏场域。为了满足幼儿活动和探究的需求，2016 年，在教育局《基于课程游戏化理念的幼儿园户外游戏环境改造意见》文件的引领下，思贤幼儿园一次性投入改造经费 50 多万元，对幼儿园现有的户外环境重新进行规划和改造，扩增面积达 1 045 平方米，以便户外环境能够更好地支持幼儿的探究和学习；这几年，随着幼儿游戏的深入开展，思贤幼儿园基于各区域的功能性定位，对幼儿园公共区域进行整体规划，充分挖掘一些观赏性的灌木丛、绿化带等，将其拓展为幼儿可进入的游戏场域。现全园共有 33 个公共区域，其中，25 个户外游戏区、8 个室内公共区域，以此满足幼儿活动及课程实施的需要。玩木区增加了思贤木工坊，幼儿园公共区域中的衣架、凳子、置物箱都来自思贤木工坊；原来只能观看的小竹林景观带，增加了方便幼儿进入竹林探索的弯曲小路，由波浪形木板、鹅卵石、木桩等不同材质的路面构成，幼儿可以与小竹林等亲密接触；把幼儿不能进入的绿化带变成“自然博物馆”，供幼儿收集园内四季的自然物，便于其观察形态，制作标本，等等；把整个东面围墙充分利用起来，建设成供两个班的幼儿尽情创意的涂鸦区；科学规划两条连廊空间，创设小镇长廊和科技长廊，供整班幼儿开展角色扮演及科学探索游戏。

至此，思贤幼儿园建立了相对完备的公共区域活动空间体系。

② 改造环境，丰富各类资源。环境建设是幼儿园教育最重要的课程资源之一。为了营造更有利于幼儿身心发展的公共区域环境，支持幼儿开展游戏和学习，教师会阶段性地进行问题征集、问卷调查、线上互动，对各公共区域的环境创设、材料投放、游戏互动等现状进行分析和思考，并进行实地考察，基于各区域的资源及对幼儿的观察，链接《3—6 岁儿童学习与发展指南》发展目标，对公共区域环境进行再规划与设计。在此基础上，逐步增设不同品种的树、花、材料等自然资源，并根据各班级课程需要，在每个公共区域环境中创设一个材料资源站，丰富活动材料资源，支持幼儿与环境之间的互动和幼儿探索的需要。

（2）依托学习共同体，动态建构课程资源地图

课程资源既是幼儿游戏活动的载体，也是课程实施的基础。那么，如何对资源进行梳理和价值判断呢？思贤幼儿园的师资队伍是呈哑铃状的，以 3 年内的年轻教师和 50 岁以上的老教师为主，针对这样的师资情况，思贤幼儿园采用不同层次教师抱团共研的形式，成立了以骨干教师、高层次引进人才为核心的，跨越年级、跨越班级教师组成的学习共同体，聚焦资源、以研促学，帮助教师学习如何进行资源梳理、价值分析，以《3—6 岁儿童学习与发展指南》和《幼儿园社会领域教育精要——关键经验与活动指导》为依据来设计活动，逐步构建起从公共区域资源出发，最终

指向儿童经验的思考路径；掌握了这种思考方式后，便于教师以点带面，将相关经验迁移至其他公共区域活动中。

① 梳理资源，深入分析教育价值。为了让资源更好地服务课程，思贤幼儿园鼓励不同主体走进各公共区域，对各公共区域拥有的资源种类、名称、数量、位置等进行全面的盘点，以便后期进行幼儿园课程建设时能够更好地统筹规划。

首先，作为学习共同体的教师结伴走进公共区域，从自然资源、材料资源、人文资源和综合资源四个方面收集并梳理资源的种类和数量，形成资源清单初稿，其目的是帮助教师初步熟悉区域内的资源，认识到有哪些可与现有课程相结合，为幼儿活动的生发奠定基础。

其次，教师与幼儿共同进入公共区域。幼儿在与资源的互动中，也获得了数学经验的提升以及人际交往等不同领域的经验。教师通过调查问卷、游戏、故事等多种方式收集、记录幼儿的问题和兴趣点，细化资源的属性和特征等基本信息，形成资源清单第二稿。例如，针对思趣园的果树资源，幼儿与教师共同调查果树的树干、树叶、花朵、果实等果树局部的基本特征，了解果树的基本特点；资源的特性不同，教师对其调查的角度也不一样，如草资源从其基本特征（形状、气味、药用价值），动物资源从其基本信息（类别、形态、食物、生存环境、生理习性），民间 / 体育游戏资源从具体玩法、逸事等方面进行梳理盘点。

同时，教师也会通过家园合作，充分挖掘家长资源，共同丰富资源清单的内容，帮助幼儿拓展对资源的认识。例如，幼儿发现思趣园里每一棵树的树叶不一样，产生了“这是什么树？”的疑问，他们带着好奇与父母一起通过网上查找资料探究树木的种类、数量等，还自制了树木名片。

基于幼儿的兴趣，学习共同体成员结合思维导图对公共区域资源的价值进行头脑风暴，从资源的领域价值维度出发，思考这些资源可能给幼儿带来的发展，细化资源的教育价值，以便更好地进行相应活动的开发。例如，思趣园的果树资源，将果树作为一个整体，幼儿通过浇水、施肥等养护工作，了解树木与周围环境的关系，体现资源的科学价值。

在此基础上，伴随式指导专家给出了建议：要引导教师站在广阔的角度探索资源特性，对资源的价值进行深入的分析，明晰其特有价值和一般价值。以公共区域的树资源为例，教师尝试对树的价值进行分类：一类是特有价值，即特定树木拥有的价值，如樱桃树是先开花后长叶的，因为它属于风媒花，无叶时利于授粉成功，教师可据此引导幼儿围绕“思趣园的 14 种树木中哪些是先开花后长叶的？哪些是先长叶后开花的？每种树的花期分别是什么时候？”等问题进行观察活动；另一类是一般价值，即共通于其他事物的价值。这类价值不局限于树本身的特征，而是将树作为替代物所能发挥的价值。例如，树枝可以作为幼儿捆扎的材料，虽然棍子也可以，但是教师仍选择提供树枝让幼儿在生活区进行操作，是因为树枝有枝杈，幼儿捆扎起来的难度比棍子高，能够更好地发展幼儿的精细动作和协调能力。

② 集体审议，将资源转化为活动。有了前期的价值分析，教师对公共区域内的资源基本上心中有数了。紧接着，就需要教师站在幼儿的立场上，针对资源的价值进行活动的审议和筛选，并将成人的专业经验与幼儿的学习特点相匹配，从而转化为尊重和促进幼儿发展的丰富活动。

第一，依据幼儿年龄段的发展需求进行审议。教师根据幼儿不同年龄段特点，尝试将成人的专业经验与幼儿学习特点相匹配，梳理出适宜不同年龄段幼儿活动和发展的侧重点，形成了思贤幼儿园第一版重点资源利用一览表。例如，对思趣园中果树资源的利用，小班幼儿侧重亲近树木，可在日常生活活动中（如散步时、为区域活动准备材料时），通过观察、触摸，对树产生好奇心，初步感知树的多样性和树的显性特征。中班幼儿则侧重感受用树进行学习、游戏的乐趣，可利用果实、树叶等树木资源开展售卖果实、制作果茶等角色游戏，感受果实的来之不易；也可通过写生拓印、观察比较等发现树的更多独特性，初步认识树与树、树与人、树与阳光等的关系。大班幼儿在活动中应更关注对于树的一些隐形特征的深度探究，可通过统计树木、采摘果实、称重比较产量等活动，帮助幼儿形成对果树及思趣园的整体认识；也可开展堆肥、嫁接、授粉等养护活动，从而培养幼儿关爱自然中的一草一树、保护树木、保护自然、保护环境的意识。但随着探究的深入，教师发现同一年龄段的幼儿也存在发展速度上的差异。于是，思贤幼儿园聘请专家给予针对性的诊断，重新调整优化资源利用一览表，将幼儿的发展水平调整为高、中、低三个层次，教师可以根据班级幼儿的水平有针对性地设计多样化的活动，突破年龄段的局限。这是第一阶段活动开发，多为零散的活动。

第二，依据幼儿的活动兴趣进行审议。当教师观察到幼儿对某一具有教育价值的资源或话题产生浓厚的兴趣时，教师就引导幼儿围绕话题展开讨论，从中了解幼儿对该话题的具体兴趣点、已有经验等，并开展项目活动，引导幼儿进行自主观察、探究，不断发现知识、理解意义、建构经验，从而让幼儿体验挑战、探索、发现与超越的快乐和自信。在这一过程中，教师非常注重对本班幼儿行为的观察，并根据不同幼儿的特点给予有效支持，促进幼儿的探究不断丰富和深入。在公共区域活动中，教师经常指导幼儿运用绘画、照相、录音、录像、收集实物等方式记录探究结果，并鼓励幼儿通过多样化的方式交流和分享成果，引导其回顾活动中运用过的技巧、策略及探究过程，从而实现师幼双方共同超越和成长。

第三，审议拓展活动线索。随着幼儿园公共区域活动资源开发的不断深入，鉴于前期活动的经验，学习共同体成员在回顾、盘点已经开发的活动后，运用不同的手段收集幼儿反馈的问题和家长资源，在对接梳理、小组审议后，根据幼儿的兴趣和学习需要，逐步形成活动线索，尝试构建公共区域活动实施框架，形成体系化的、指向不同年龄段的幼儿园公共区域活动方案集合。在幼儿尚未熟悉某一公共区域时，公共区域活动方案可以作为幼儿开展活动的有效参考，它们旨在让幼儿围绕感兴趣的中心话题进行系列的深入探究，使幼儿获得新的、整体的、有联系的经验。以小竹林为例，小班从该区域的小路资源入手开发了活动“七彩小路”，中班围绕竹子的构成开展了主题活动“竹林探秘”，大班则以竹子的用途为活动侧重点生成了“胸有成竹”的活动方案。当然，各班教师也会根据本班幼儿的兴趣，任意选择一条线索作为主题活动的切入点，基于对幼儿的观察灵活生成项目活动，促进幼儿深度学习，如班本故事“舞动竹竿”“彩虹甜品屋”等。当然，主题活动的开展是深入推进并逐步拓展到其他线索活动的。

③ 现场观摩，梳理儿童经验。教师通过园内外的现场观摩活动，邀请不同层级的教师、专家共同观察公共区域游戏中幼儿的活动、资源的开发与利用情况等，在相互对话中，重新梳理“幼儿收获的有益经验”，了解经验变化的过程，从而看清幼儿经验建构的脉络，生成新的活动内容，让幼儿的学习更深入并逐步建构属于自己的经验体系。例如，在小竹林资源的开发与利用的过程中，教师发现幼儿收获更多的是科学、社会、数学、语言等领域经验，艺术领域经验偏弱，于是教师围绕资源再次研讨与深挖，最后拓展出竹竿舞、竹林写生等活动。

通过活动后的审议，教师与幼儿一起商量、摸索、反思，构建真实课程的理念，再次优化资源利用的支持策略，形成一张张公共区域课程资源地图。课程资源地图中包含着丰富的信息，不仅呈现了课程资源的地理位置、资源类型、资源清单、资源利用建议表，更突出了资源开发案例，如课程故事、活动方案、教研案例等元素。这不仅仅是一张张简单的地图，更是一个个在课程实施中可利用、可借鉴、可“操作”的、立体的课程资源宝库，为不同层次的教师、不同年龄的幼儿及不同背景的家庭提供公共区域活动开发的借鉴经验。

三、回顾实践过程，梳理建构策略

课程资源库由不同主体建构，旨在满足不同对象的需求，故应以幼儿发展为本，满足幼儿多方面发展的需要，使其真正成为教师、幼儿课程开发与实施的具体“行动指南”。

第一，以教师为主体建构。在建构公共区域课程资源库初期，由教师根据幼儿园建筑图纸的尺寸比例，采用手工彩绘或电子绘图等形式绘制课程资源地图，帮助教师和幼儿认识幼儿园的整体空间布局、资源分布情况等。

第二，师幼共同建构。师幼在调查与梳理资源的基础上共同建构公共区域资源库。以小竹林资源地图的绘制过程为例，教师只为幼儿提供一个基本的地图框架，幼儿须根据已有经验制作各类资源标志，并自行完成课程资源地图的绘制。其中，资源标志都是活动的，幼儿可以根据活动中的发现和探究进一步调整与优化地图。

第三，幼儿独立建构。在课程资源地图的绘制和呈现中，幼儿成为地图库建设的主体，并从行动中获取有益经验，让课程活动变得富有生机与活力，从而实现真正意义上课程实施方式的改变，力求使课程资源地图成为课程展开的脉络、教师行动的思路和幼儿实际活动的记录。

四、收集梳理，建立三级资源库

在收集、盘点、审议资源的基础上，园所挖掘室内空间，改造资源室，在长廊和班级门前设立资源箱，根据环境建设、课程开展的需要发动家长收集自然物品与废旧物品等，教师将收集来的物品进行筛选、分类，动态地“流”进班级材料超市、走廊材料柜和课程资源室，从而形成稳定的资源收集和利用的路径，保障课程的实施。

三级资源库由园级、年级、班级三级构成。教师根据具体活动的实施及幼儿的兴趣，进行资源的收集，方便幼儿与教师随时取用。

（一）园级资源库

园级资源库主要有电子课程资源库和实物资源库。其中，实物资源库主要有自然材料、生活材料、各类办公耗材、游戏材料等。

园级资源库（一）

园级资源库（二）

（二）年级资源库

年级资源库主要收集的是年级组主题实施过程中的纸质资料（如调查问卷、照片等），以及年级组幼儿收集的废旧材料及低结构材料。

年级资源库（一）

年级资源库（二）

年级资源库（三）

年级资源库（四）

（三）班级资源库

班级资源库以班级为单位，主要结合班级幼儿活动需要进行材料收集，收集的材料有自然材料、生活材料、其他材料。幼儿可随时收集、随时带来，在自主游戏时，可自由选择使用。收集站设置在班级公共走廊，若其他班级有需要，经本班级幼儿或教师同意后也可使用，实现班级之间的资源共享与流通。

第三节 幼儿园公共区域活动材料投放

一、材料投放的原则

幼儿的发展是在与环境互动的过程中实现的，而材料作为幼儿与环境互动过程中最为重要的主体之一，在幼儿发展的过程中扮演着重要的角色。幼儿园所使用的材料类别繁多，如何进行公共区域游戏材料投放才能最大限度地有效促进幼儿发展是创设公共区域环境时无法绕开的要点。思贤幼儿园结合幼儿园游戏活动开展的基本原理、《3—6岁儿童学习与发展指南》及积累的相关实践案例，从目标性、层次性、可变性三个维度阐述幼儿园公共区域活动材料投放的原则。

（一）幼儿园公共区域活动材料投放的原则

1. 目标性：对应核心经验投放材料

经验是推动幼儿认知发展最为关键的要素之一，而核心经验作为幼儿发展过程中获取经验的“里程碑”，是描述幼儿发展水平的重要标准。在组织开展幼儿园各类活动的过程中，教师通常都会以核心经验为重要导向预设课程内容与组织形式。活动围绕核心经验，活动支持幼儿发展，而材料支持活动开展，因此教师在投放公共区域活动的材料时也应从最为关键的幼儿发展核心经验出发，从而确保由材料引发的活动能够涵盖幼儿发展过程中的关键，促进幼儿全面发展。

（1）基于公共区域价值梳理核心经验

要以核心经验为蓝本准备材料，教师首先需要明确不同区域涉及的核心经验有哪些。由于不同园所的实际情况各不相同，设立公共区域的初衷与目的也存在差异，因此明确公共区域指向的主要领域、分析其对幼儿发展的价值是梳理相关核心经验的第一步。一般而言，幼儿园的专用活动室更偏向于促进幼儿某一领域的发展，如创意美术室的创设目的在于促进幼儿在美术领域的发展；连廊等开放式公共区域更注重促进幼儿的社会性及不同领域的综合能力的发展；户外公共区域的创设目的则以促进幼儿身体机能及社会交往机能为核心……教师在确定各公共区域创设目的的时候不但需要考虑公共区域空间本身的特征，而且需要评估本园幼儿的发展水平与需求，针对幼儿发展的薄弱领域与优势领域给予更加丰富的核心经验与发展支持。

在明确公共区域指向的主要领域后，教师可以综合《幼儿园教育指导纲要（试行）》《3—6岁儿童学习与发展指南》和有关幼儿园各领域发展精要与核心经验的书籍，将公共区域活动开展过程中的核心经验进行整合和梳理，然后结合公共区域环境书写各领域中涉及的重要核心经验。

下面以思贤幼儿园公共区域——思趣园为例，对公共区域活动的核心经验梳理做简要说明（表2）。

表2 思贤幼儿园公共区域思趣园活动核心经验建构表（部分）

核心经验	实例对照
	社会领域
自我保护	在采摘果实的过程中，能采用适宜的方式照顾和保护自己
规则意识	角色游戏时，能遵守买卖树叶和树枝工艺品、售卖果实的交易规则
专注力	能较长时间使用杵臼捣碎果实、制作果酱
	能坚持将思趣园内的树木数完
同伴交往	能合作采摘果实、合作制作果树资源地图
	采摘高度不够时会向同伴和教师寻求帮助
	在制作果茶过程中，当对原料使用的意见不统一时，可以自己或在他人的帮助下和平解决
	在售卖果实等角色游戏中有明确的分工
	科学领域
观察实验能力	能用摸、闻、看的方式比较橡胶树和枇杷树的异同
	能使用放大镜观察和记录，比较枇杷叶和其他树叶的不同
	能通过对比树木形态和树叶触感等特征，比较樱桃叶和木瓜叶的不同
	能在不同季节散步时，感受树木开花、结果、树叶变色等季节变化特点
	能观察蚂蚁、西瓜虫等动物的生存环境和习性特点，并用图画或符号的形式记录
设计制作能力	能根据果树的高低、果实的大小和软硬程度选择合适的工具（如梯子、攀爬架等）、材料（如筐子、盆等）进行采摘
	…………

（2）基于核心经验丰富公共区域材料

明确了各公共区域的核心经验明细，并不意味着教师可以直接按照各区域涉及的核心经验清单准备相应材料。在整理好公共区域核心经验表格内容的基础上，教师与幼儿可以通过以下几个步骤来逐步明晰材料的投放。

首先，根据梳理好的核心经验清单列出每个公共活动区域可能开展的活动，其次，根据活动内容及要点准备相关的活动材料。鉴于幼儿园公共区域的整体性，教师不应当以割裂的视角去看待不同区域的材料投放，而应当在详细规划每一区域材料投放的基础上对不同区域的材料进行整合。

一方面，在罗列、归类各公共区域活动材料后，教师可以对重复多余的材料进行筛选和剔除，避免材料冗余。例如，当不同区域出现大量重复的、同质的相关测量材料时，可以移除部分区域的测量材料。另一方面，教师可以针对本园幼儿的发展薄弱项对部分材料进行扩充。例如，在发现本园幼儿的攀爬能力有待增强时，便可以在各区域投放各类能够丰富幼儿攀爬经验的材料。

通过这样的方式，既能够保证有充足的材料支持幼儿核心经验的发展，又能够有的放矢地增强本园幼儿薄弱领域的发展。

2. 层次性：适合多年龄段儿童使用

公共区域是园内相对开放的空间，不同班级、年级的幼儿都会参与到公共区域活动中来，因此公共区域活动材料的投放要能够满足幼儿园不同年龄段幼儿的发展需求。

针对不同年龄段的幼儿应投放不同种类和数量的材料。小班幼儿所使用的材料种类可以稍少，但数量要充足，以满足幼儿进行平行游戏的需求；中、大班幼儿所使用的材料种类随年龄段逐渐丰富，数量可以适当减少。

除了幼儿对材料数量、种类的需求在相当长时间内将持续增加之外，教师也需要根据幼儿的兴趣及发展水平设置有一定难度的游戏，并据此准备相应材料。对于可搬运的户外材料，教师可以准备不同的规格。以户外木质爬梯为例，教师准备了高度逐渐增加的系列梯架与长度不等的爬梯，供幼儿自行选择；在进行“跳鞍马”游戏时，起辅助作用的海绵垫是可以根据幼儿对动作掌握的情况随时改变高度的。

爬梯（一）

爬梯（二）

由高处往低处跳

对于一些没有使用难度的游戏器材、无系列规格设置的大型户外器械，教师可以额外地在器械上进行辅助设计。在思贤幼儿园的“长龙”户外攀爬架处，小班幼儿无法够到吊环，因此教师为他们提供了可以垫脚的塑料垫子。类似地，在户外“滑索”处，教师为身高不够、无法独自抓住滑索把手的幼儿准备垫脚的椅子。在大型“海盗船”滑梯处，幼儿喜欢从滑梯低处向上爬，鉴于幼儿运动发展水平有所差异，并不是每个幼儿都敢于并能够爬上滑梯架的，思贤幼儿园的教师在滑梯口系上粗麻绳，鼓励幼儿在上肢及核心力量不足时自行拉绳攀爬；对于运动能力较强的幼儿，则鼓励他们进行无辅助攀爬。通过这样简单的设计，每个幼儿都可以在活动中找到适合自己发展水平的活动材料。

为了便于不同年龄段的幼儿取放适合自己水平的材料，并且能够养成良好的收纳习惯，教师为适合不同年龄段、不同难度活动的材料做好简单标记，从而降低幼儿快速找到适宜材料的难度。

3. 可变性：定期更新材料并投放易于组合变化的材料

幼儿的经验是不断发展的，发展不同经验所需要的材料也有所差别，而在有限的空间内，仅仅依靠材料的丰富种类并不能很好地满足幼儿不断变化的需求，因此教师需要采取一定措施来避免公共区域活动材料一成不变和落后于幼儿的经验发展的问题。

增强材料可变性的第一个途径是不定期更换材料。

更新材料的第一个标准是幼儿的兴趣方向变化及发展水平变化。在幼儿的兴趣发生转移时，教师应遵循幼儿的兴趣发展方向与幼儿进行商讨，并提供更加丰富的相关材料。教师在日常观察、记录幼儿活动状况时需要及时地对幼儿在公共区域活动中的表现进行评估，当发现现有材料无法满足幼儿已有的经验发展需要时，教师就需要适当地提供能够支持幼儿进行更高经验水平指向活动开展的材料。

最近，中班的幼儿开展了“做饭团”的系列活动。饭团的制作并不复杂，幼儿将煮熟的米饭与肉松等食材进行混合，再用动物形状、三角形的模具对不规则的饭团进行压模和脱模。在饭团成形后，幼儿最初使用现成的塑料包装盒对饭团进行包装——这种包装方式较为简易，幼儿只需要将盖子与盒身对齐，然后盖紧盖子即可。经过两次制作饭团的活动后，幼儿基本上掌握了这种简单的包装方法。在此基础上，教师根据幼儿的兴趣增加了包装饭团的塑料包装袋。在使用塑料包装袋的过程中，幼儿需要将饭团放在三角形的包装袋中，然后对包装袋进行封口。对包装袋进行封口，需要幼儿对塑料包装袋的边角进行折叠，然后贴上相应的贴纸。在经过两次活动后，部分幼儿已经能够掌握用塑料包装袋包装饭团的方法，还有一部分幼儿仍然在摸索中尝试如何掌握这一包装技巧。接着，教师为已经能够用塑料包装袋包装饭团的幼儿提供了新的材料——饭团包装纸。饭团包装纸对幼儿的手部肌肉协调性要求更高，需要幼儿根据饭团的形状自行调整纸张折叠的位置。同时，饭团包装纸的使用方式也更加自由——幼儿可以根据自己的喜好改变饭团包装的形状，采用圆柱形、三角形等不同的包装方式。

在上述生活体验室的活动中，幼儿掌握了基本的纸盒包装方法，教师可适时考虑为幼儿准备塑料包装袋；在部分幼儿掌握塑料包装袋的使用方法后，教师又可为幼儿提供更考验幼儿手部动作精细度的饭团包装纸。不断更新的饭团包装材料为幼儿提供了提升手部协调性的发展支架，也为生活体验室的活动不断加入了新的元素，有效调动了幼儿的活动积极性。

更新材料的第二个标准是季节、节气变化。对于受季节影响大的公共区域来说，教师还需要根据季节特征及时定期地提供能够帮助幼儿感知周围环境变化的材料。另外，教师与幼儿在重要的节日、节气到来时也可对公共区域的材料进行适当装饰，让幼儿为了解与度过愉快的节日、节气做准备。

在“自然博物馆”中，除了定期更换植物，教师还会根据季节变化与幼儿收集富有季节特征的落叶、果实等自然物。春天，教师会与幼儿一起收集校园里的落花，或是剪下几根花枝放置在“自然博物馆”中供幼儿观察；夏天，以春天繁花为主题的各类材料被替换为具有夏季特征的各类植物叶片；秋天，色彩多样的枝叶、校园中收获的果子成为幼儿在“自然博物馆”中活动的材料；冬天，形态各异的枯枝败叶及雪花类制作材料成为幼儿在“自然博物馆”中开展活动时所使用的材料。除了以上的季节性材料，教师还会根据传统的节气在“自然博物馆”中放置关于节气特征的材料。节气为幼儿提供了丰富的自然教育资源和文化体验。教师在提供与节气相关的材料时往往会结合传统的绘画、手工、美食等文化元素进行材料投放，让幼儿有机会在节气纷至的时光中熟悉与感知季节变换与传统文化。

“自然博物馆”根据季节、节气定期更新活动区域的材料，让材料能够跟随其周围自然环境的变化而不断更新。幼儿在“自然博物馆”中能够通过材料快速感知自然在不同活动时间节点的变化，获得新的活动经验。

增强材料可变性的第二个途径是为幼儿提供操作方式更为多样的低结构材料。

低结构材料包括可拼搭材料与多功能材料。可拼搭材料的固定玩法少、灵活性强，幼儿可以根据自己的想象力自由地使用它们。多功能材料，即一种材料有多种使用方式。教师应尽可能选择低结构、开放性较强的材料以促进幼儿认知的发展。若材料既属于可拼搭材料，又属于多功能材料，那么它们可以最大限度地丰富幼儿的活动内容和形式，减少幼儿公共区域活动的“定式”。

在建构区，积木是幼儿使用的主要建构材料。除了积木这种基础的结构材料，教师与幼儿在园内进行“材料收集”，向建构区投放了木板、石子、奶粉罐、纸杯等其他开放性较强的低结构材料。除了小型的低结构材料，教师与幼儿还开发了“小竹林”的竹资源，将竹竿进行了初步加工。幼儿用竹竿跳竹竿舞，将竹竿与布料结合尝试搭建帐篷……

从上述案例可以看出，这些低结构、开放性的材料在形状、大小、颜色、用途上都具有灵活性。幼儿借助这些材料在活动中自由操作，获得了较大的游戏自由度。这些“自由的作品”反映着他们真实的内心，也激励着他们不断创作出不同的作品。

二、材料投放的策略

不同类型的幼儿园公共区域各有特色，其空间特征不同，指向的功能发展也有所差异。在遵循多层次、丰富多样等基础的材料投放原则外，教师与幼儿需要依据不同类型公共区域的特征，在不同公共区域有针对性地进行材料投放，以满足不同性质的公共区域活动的需求。

（一）户外公共区域材料投放的策略

1. 投放材质耐用的材料，避免安全隐患

户外活动与室内公共区域活动不同，受天气影响较大。幼儿在户外活动时会面临不同的天气条件，包括阳光、雨水及气温变化。因此，在投放户外材料时，选用耐用和安全的材质非常重要，以避免老化、开裂等问题的出现，同时确保幼儿在户外活动时的舒适度和安全性。

在选择材料时，应尽量避免使用较薄且耐热、耐寒度较低的 PVC（聚氯乙烯）材质。这种材质在高温日晒或寒冷天气下容易碎裂。除了不美观，碎裂的材料还变得尖锐，从而造成安全隐患。因此，在选购材料时要注意选择厚度合适和耐热、耐寒性能良好的材质，避免使用脆弱的 PVC 材料。

如果选择自然材料，如木材或竹制品，需要注意几个方面：一是要避免选择表面带有裂纹的木块或竹段作为器材使用，并切除材料表面的尖锐部分，以避免幼儿受伤。二是如果幼儿园位于潮湿地区，需要对自然材料进行防腐处理，如刷漆，以防止木材或竹材腐烂和发霉。

此外，在选择户外材料时，耐用性也是需要考虑的关键因素。适用于户外环境的材质应具备抗紫外线、抗雨水和抗高温的特性，以确保材料在不同天气条件下的长期使用。选用耐久性的材质可以减少器材更换的频率，节省资源与维护成本。

总而言之，在投放户外材料时，选择耐用、安全且适应不同气候条件的合适材质至关重要。避免使用较薄的 PVC 材质、注意自然材料的质量并采取必要的防腐措施，可以提高户外材料的舒适度、美观度和安全性。这样能够为幼儿营造一个安全、可靠的户外活动环境，促进他们的身体发展和多元化学习。

2. 投放数量充足的材料，避免不必要的争抢

相比于室内公共区域，户外公共区域更为宽敞、自由，户外活动又是幼儿最为喜爱的活动形式之一，因此户外空间往往成为开展自发性混龄活动的重要地点。由于混龄活动中幼儿的人数往往会超过一个班级的限额，因此教师需要为公共区域准备充足数量的材料，以避免幼儿在参与混龄活动时发生不必要的争抢。

如何确保公共区域已经准备了充足数量的材料？以下有两个简单的方法。

首先，教师需要确保材料投放的结构比例合适。在投放材料前，除了参照不同区域所对应的核心经验，教师还可以通过调查表、谈话等形式初步了解不同年龄段的幼儿对不同材料的喜爱程度，并据此适当调整不同材料的比例，避免出现部分材料“供不应求”、部分材料长期“备受冷落”的情况。

其次，在幼儿进行公共区域活动的过程中，教师需要观察幼儿是否频繁出现因“玩具数量不够”而争抢玩具的现象。若材料数量不足成为幼儿发生冲突的最关键原因之一，那么教师需要对材料数量进行及时的补充，并且适时引导幼儿学习运用化解冲突的社会交往技巧。

3. 投放自然材质的材料，让幼儿亲近自然

户外公共区域往往有许多自然地形，幼儿也可以在这些户外公共区域近距离地观察、接触到动植物，因此户外公共区域是幼儿接触自然的重要空间。利用这一空间特性，教师可以考虑将自然材料作为户外活动材料的重要选项之一，使幼儿在使用自然材料的过程中了解与亲近自然。

常用的自然材料包括装饰材料、建构材料及运动器材，以木质和竹质为主。在创设户外环境的过程中，教师可以为幼儿提供各类自然材质的大型积木、运动用的竹梯和木梯等，还可以在户外的综合性区域，如美术区域投放不同材质的自然材料（在创意美术室投放树叶、树枝；在玩石区投放可供绘画的石头）。

当然，在投放材料的过程中，教师也可以鼓励幼儿在已有投放材料的基础上自行收集自然材料，并进行简单的分类（如幼儿在“自然博物馆”“昆虫旅馆”内对不同种类自然物进行分类与收纳）。常见的可供幼儿自行收集的自然材料包括各类树叶、树枝、果实、花；若园内还有易于砍伐的竹子，也可以请幼儿尝试收集并加工。例如，在思贤幼儿园的思贤木工坊，幼儿根据活动需要将收集的竹子、树枝、木块

等加工成相框、楼梯台阶和置物箱等。

4. 投放更高比例的中大型材料，促进幼儿运动能力发展

幼儿园的户外公共区域因其空间特征更多地指向幼儿大肌肉发展的活动，因此相比于室内公共区域较为精致、小巧的材料，户外公共区域的活动材料体积通常更大。

大型的固定运动器械包括组合滑梯、滑索、攀爬架等，促进幼儿大肌肉发展。非固定的中大型材料包括大型建构积木等材料，大多需要幼儿进行协作使用，在促进幼儿运动能力发展的同时也为与同伴合作交往技能的发展提供了机会。

攀爬架

滑梯

5. 投放有助于合作的材料，促进多人协作游戏

户外公共区域是发展幼儿社会交往能力的重要场所，而幼儿社会交往能力的发展是他们在与同伴交往的过程中实现的。因此，教师在投放户外活动材料时要考虑材料是否有助于促进幼儿之间的同伴合作，以促进幼儿在户外公共区域活动中掌握人际交往技能。以下三类是较为常见的、能够促进幼儿合作的户外公共区域材料。

第一类是牵拉运用类材料。牵拉材料，尤其是户外运用器械，通常需要由2—3名幼儿合作才能使用。思贤幼儿园投放了系有粗绳的轮胎、滑索，这些都需要幼儿相互配合才能开展活动。

滑索（一）

滑索（二）

第二类是中大型滚推类材料。一名幼儿往往没有足够的力量推动中大型滚推类材料，因此他们往往会主动寻求同伴的帮助。大滚筒或大型轮胎都是不错的选择。

滚轮胎

第三类是多人协作类运动器材。借鉴我国传统的、强调团体协作的龙舟运动，教师也可以在幼儿园户外公共区域投放一些需要多人协作才能使用的运动器材，使幼儿在活动过程中根据运动状态实时调整自己，练习观察他人行为、判断自身情况并与同伴进行沟通协作。“龙舟车”需要2—3名幼儿统一前进速度，并听从“司机”的指挥，以避免撞到他人；“滚筒车”则需要幼儿统一蹬腿方向，上下车时需要集体减速并等待。

“龙舟车”

6. 结合空间特征投放材料，丰富幼儿的活动体验

幼儿园的户外公共区域地势多样、富于变化，本身就具备丰富的活动资源。因此，在投放公共区域材料时，除考虑材料本身的安全性和教育价值之外，还应顾及它们与户外公共区域空间的适配度，以实现材料与场地之间价值的最大化。

根据不同的地形特点实行因地制宜的材料投放是一个不错的策略。

在坡度较大的区域，可以设置滑梯、隧道等设施，并投放滑草、绳梯等材料供幼儿钻、爬。这样的投放安排既充分利用了山坡的特点，增加了幼儿的运动机会，又为幼儿提供了挑战自我的机会，促进了幼儿的体能发展，加强了幼儿的协调能力。

小山坡的滑梯

小山坡的隧道

对于靠近水源且有高度落差的区域，可以投放水车和引水渠道的搭建材料。这样的投放安排不仅引导幼儿了解水的流动和测量，还提供实际操作的机会，锻炼幼儿的动手能力和观察能力。

在平坦的区域，可以提供可移动的障碍物，如卡车轮胎、木板等材料，让幼儿根据自己的兴趣和发展水平随时创设、更新。这样的投放安排既鼓励幼儿主动参与和探索，又促进他们的协作能力和批判性思维的培养。

通过以上“因地制宜”的投放安排，能够更好地发挥户外公共区域的多样性特点，为幼儿提供丰富的活动体验。同时，这种投放策略也与幼儿园的教育目标相契合，鼓励幼儿积极参与户外活动，通过与自然环境的互动，促进他们的身体、认知和社交的发展。

（二）专用活动室空间材料投放的策略

与户外公共区域不同，专用活动室中的材料通常体积小、种类和数量多，相较之下收纳难度更大。因此，在专用活动室进行材料投放的过程中需要注意材料的分区及归类，从而使之潜移默化地帮助幼儿在收纳专用活动室材料的过程中养成自主分类、收纳的好习惯。

1. 提供易于摆放、清理的材料及材料收纳环境

养成自主分类、收纳习惯的要点之一是环境中的不同材料要便于识别。对于中大班幼儿来说，分类归纳的难度可能较低，但对于刚进园不久的小班幼儿来说，对种类繁多的专用活动室材料进行归类与收纳是一个不小的挑战。如果材料的种类本身难以辨别与区分，收纳空间又凌乱，那么幼儿便难以在活动的过程中养成良好的收纳、整理习惯。从专用活动室投放材料的角度来看，教师可以从以下两个方面来实践。

（1）设置易于取放的收纳材料柜

为了降低幼儿取放不同专用活动室材料的难度，教师需要采取一些措施，其中最重要的是通过使用适当的收纳柜、收纳箱等材料让幼儿能够快速地取放适合自己发展水平的材料。

在投放收纳材料时，教师需要注意以下几个方面。

首先，为了便于幼儿对材料进行收纳、分类，教师可以在收纳柜上放置相应的标识。这些标识可以涉及两个方面：一是不同主题材料的分类，例如，将相应的数学材料放在一起，将艺术材料放在一起；二是不同年龄段材料的分类，例如，

将3—4岁幼儿的材料和4—5岁幼儿的材料分开放置。需要注意的是，如果标识是由个别幼儿手工绘制的，那么在正式使用之前需要确认其语言通俗易懂，以确保未参与标识设计与绘制的幼儿也能够迅速理解标识的含义。这样可以避免出现“表征失效”的情况，即一个标识只有少数幼儿能够理解，而其他幼儿无法正确辨认。当收纳难度较大时，不仅收纳柜上需要放置收纳标识，专用活动室使用的各类容易混淆的材料上也应贴上对应的收纳标识，以避免在收纳过程中出现不必要的误放。

其次，收纳箱、收纳柜应有明确对应的分区，以避免幼儿在取放时因为收纳空间交叉而造成材料混乱的情况。例如，在图书室可以设置不同区域的收纳箱，分别用于存放绘本、故事书和读物，以确保每个收纳箱内的材料与该区域的活动主题相符。

通过以上措施，幼儿可以更快速地找到所需材料，并将其放回原位。这不仅降低了幼儿的取放难度，还帮助他们形成了良好的秩序意识，培养了他们的自我管理能力。同时，明确的收纳分类和分区设置，减少了材料之间的交叉，有助于维持公共区域的整洁和有序。

适当的收纳方案有助于提高幼儿的自理能力和责任感。在公共区域合理地设置收纳柜、收纳箱等材料，并在其上面贴上明确的分类标识的做法，可以帮助幼儿了解材料的归属和位置，从而让幼儿更好地参与到相关活动中。

（2）投放清洁、修补材料

由于专用活动室的材料多为自制材料与纸质材料，易破损污染，因此在投放专用活动室材料时还应注重清洁材料与修补材料，在增强幼儿动手能力的同时提高幼儿的责任意识。

清洁材料包括常用的抹布、百洁布和较为安全的洗涤剂、肥皂等材料，它们在创意美术室等地方较为常见。修补材料则更加多样化，由于修补的对象材质多样，常见的修补对象包括园内手工艺品摆件、自制玩具、图书等，因此修补材料也需要根据修补对象的变化及时调整。清洁材料及修补材料的准备要点在于安全与易操作，确保幼儿能够在无危险的前提下自主进行操作。

此处以创意美术室为例，列举其所需的清洁及修补材料（表3）。

表 3　美术专业活动室所需的清洁及修补材料

材料种类	材料名称	清洁及修补对象
清洁材料	抹布、百洁布	操作台、水池
	水桶	画笔
	肥皂	抹布
	……	……
修补材料	超轻黏土	黏土摆件
	双面胶、树脂胶水	纸艺作品
	针线	布艺作品
	……	……

2. 投放关联性材料

幼儿园每一个公共区域都是一个相对独立完整的个体，其内部的不同分区具有内在一致的逻辑性，同时它们又隶属于幼儿园这个整体，彼此相关联。如何通过投放材料增强同一公共区域材料的内在逻辑关系、增强不同公共区域之间的联系？教师可以从以下两个方面着眼。

（1）在同一公共区域内投放关联性材料

对于单个的幼儿园公共区域而言，材料投放时需要确保在这一空间开展的活动具有内在一致的逻辑性。同一公共区域往往有着不同的分区，因此教师在投放不同分区的材料时需要考虑材料之间的关联性，通过材料的内在关联，增强不同活动中经验的相互渗透，从而帮助幼儿发展相关经验。

为了确保公共区域内具有关联性的材料能够服务于同一活动主题，并避免冗余和重复，需要进行合理的材料筛选和投放安排。以图书室的节日绘本投放为例进行简要说明。

节日绘本的投放旨在服务幼儿的早期阅读与写画活动，帮助幼儿了解有关节日的信息。当将节日绘本投放在图书室的不同分区时，需要注意不能简单地投放同种性质的节日绘本，以避免幼儿活动经验的重复。

更好的做法是以春节为核心，筛选出绘本语言由易到难、插画风格多样的绘本，根据绘本的特点进行投放。例如，绘画质量较高、具有特色的春节主题绘本可以放在写画区，以激发幼儿的创意表达能力；语言风格明确的春节主题绘本可以放在阅读区，以促进幼儿对文字的理解和阅读兴趣的培养；故事情节生动的春节绘本可以放在表演区，以引导幼儿通过戏剧性的角色扮演来体验春节的文化习俗。

在幼儿阅览室不同分区的活动中，幼儿可以通过这样的绘本投放安排获得关于春节的多样经验。他们可以通过写画区的绘本了解到春节的独特色彩和寓意；通过阅读区的绘本深入了解春节的传统文化；通过表演区的绘本参与角色扮演，更好地感受春节的喜庆氛围。

这种以节日绘本为例进行的材料投放策略，使同一公共区域内的材料彼此关联、协调呼应，从而加强幼儿在不同活动中的学习体验。通过在投放不同分区的材料时选择关联性强、涉及经验互补的材料，幼儿能构建和扩展与特定主题或概念相关的知识网络。同时，这也提供了一个更丰富和多样化的学习环境，激发幼儿的兴趣、创造力和探索欲望。

因此，在幼儿园公共区域，确保材料投放的逻辑性和关联性对于促进幼儿综合能力的发展非常重要。通过有序筛选、分类和安排材料，幼儿能获得一个更丰富、更有序、更具有内在逻辑性的学习空间，从而更好地参与各种活动，获得更广泛的经验，实现自身的全面成长。

（2）在不同的公共区域投放关联性材料

幼儿园公共区域活动是综合性的，其活动蕴含的经验往往也指向不同的发展领域。在投放公共区域活动材料的过程中，教师可以利用材料的关联性，增强不同公共区域活动之间的联系，强化经验的相互渗透。

如何增强不同公共区域材料的关联性？

教师可以对涉及同类核心经验的材料进行清点与丰富，并且将其投放到适合开展相关活动的不同区域。以测量这一核心经验为例，教师可以根据幼儿的发展水平准备一系列测量长度与称重量的工具，如直尺、卷尺、天平、电子秤等，并将它们投放到对测量存在一定需求的不同区域，如在生活体验室投放电子秤，在玩石区投放天平，在专用活动室投放小直尺，在思贤木工坊投放卷尺……如此，幼儿就可以在不同的公共区域使用相似但不同的材料，通过多种活动形式发展相关的核心经验，加强对相关经验的理解与对相关技能的掌握。

（三）连廊空间材料投放的策略

连廊是较为开放的公共区域，包容性更强。相较于户外公共区域、专用活动室等公共空间，连廊指向的发展领域数量更多，这意味着幼儿在此活动中获取的经验覆盖面更广。由此，连廊所使用的材料覆盖更广的范围，也更富有层次性。

1. 投放多层次材料，兼顾基础材料与不同年龄段对应材料

连廊材料应具有一定层次性，以满足不同年龄段幼儿的学习、玩耍和创造需求。第一，富有层次性体现在同类材料能够形成一定的操作难度梯度以支持活动的

开展。首先，提供适合所有幼儿使用的基础材料。基础材料是幼儿在连廊中开展所有简单活动的必备材料。这些基础材料包括常用的美术手工材料，如各种类型的手工纸、绘画纸、彩笔、剪刀、颜料、蜡笔等。教师还可以提供一些更具创意性和挑战性的材料，如各种环保材料，如纸筒、塑料瓶、纸板等，幼儿可以对其进行重新利用，制作成各种手工艺品、模型和装饰品。其次，可以添加一些自然材料，如树叶、小枝条、贝壳和石块，让幼儿感受到大自然的美妙和多样性。这些创意材料可以激发幼儿的创造力、想象力和解决问题的能力。最后，若是在与科学探究相关的连廊区域，还可以提供一些专门用于科学实验和观察的材料，如放大镜、显微镜等视觉工具，帮助幼儿观察微小的事物；天平、量筒计量器具等，让幼儿在比较和测量的过程中形成科学思维。这些探索材料可以引导幼儿进行实际操作和观察，并培养他们的科学方法、科学态度和科学精神。

第二，富有层次性体现在不同材料能够满足不同年龄段幼儿的需求。对于小班幼儿来说，连廊需要准备更多数量的同类材料；相比小班，中大班幼儿则需要种类稍多、数量稍少的材料，以满足他们更加复杂的活动需求。对于每个年龄段的幼儿，连廊材料的扩展和更新都应该符合他们的发展特点和兴趣爱好。了解幼儿的需要和能力，根据不同年龄段的发展进行合理选择和材料组织，可以更好地满足幼儿的需求，并为他们提供一个富有探索性和创造性的学习环境。同时，定期检查和更换连廊材料，保持其新鲜感和吸引力，对于激发幼儿的学习热情和想象力也非常重要。

总之，连廊材料的层次性体现在差异化难度设置与多维活动支持上。通过提供基础材料、创意材料、自然材料、探索材料等不同类型的材料，满足幼儿在学习、玩耍和创造中的多样化需求。根据不同年龄段幼儿的特点和需求，适当增加同类材料的数量或提供多种类、少数量的材料，让幼儿有机会参与更复杂和更具挑战性的活动。连廊材料的丰富与更新将激发幼儿的兴趣、发展其创造力，并促进幼儿在多个方面的全面成长。

2. 投放综合性材料，覆盖内容广、融合多领域

连廊是幼儿园中一个情境性较强的公共区域空间，它能为幼儿提供一种与主题相关的互动体验。在连廊中，幼儿的活动大多围绕特定的主题展开，如“江南商业仿古街”或者“科技高铁长廊”等特色场景。为了增加幼儿对连廊活动的参与度和趣味性，除了其他类型的活动材料，教师还可以提供更多主题性玩具。

引入主题性玩具有助于幼儿更快地投入连廊的游戏情境中，并丰富他们的游戏体验。这些玩具能模拟现实情境中的物品和角色，帮助幼儿更好地理解和应用已有经验，并促进他们的社会交往和合作能力的发展。

选择主题性玩具时，教师还需注意投放材料的综合性。综合性主要体现在以下两个方面。

第一，连廊材料的覆盖范围应涵盖多个发展领域。以小镇长廊为例，除了提供与扮演不同店铺中营业员有关的角色玩具，教师还提供了其他与商业交易、手工艺品制作等相关的玩具。通过仿真小摊位的设置，让幼儿扮演商贩或顾客，幼儿掌握了交易和语言表达的技能。在材料投放方面，教师放置了充足的传统手工艺品制作工具和材料，让幼儿能够亲手制作一些小工艺品，增加他们对手工艺品制作过程的体验和理解。这些都可以激发幼儿对江南小镇历史文化、地理环境、语言表达等方面的兴趣，并促使他们在游戏中综合运用各种技能和知识。

第二，连廊材料的一部分应通过专用活动室活动制作，以增强连廊与专用活动室等公共区域的联动。例如，可以邀请幼儿参与创意美术室的手工制作活动，制作与连廊情境相符合的装饰品、道具或景观。这样的参与能提高幼儿的创造力和实践能力，同时增强连廊与其他空间之间的联系，提升幼儿整体的空间感知力和学习效果。为了更好地引入主题性玩具，教师可以对连廊的投放进行深度拓展和扩充。根据不同主题，教师可以选择适当的角色玩具、模型、装饰品等，让幼儿能够全身心地融入连廊的情境中。

另外，由于连廊的情境性较强，教师还可为幼儿提供取用方便的情境性装饰材料，鼓励幼儿在更新活动主题时自己动手布置环境。

总之，提供主题性玩具或角色玩具有助于幼儿更好地融入连廊的游戏情境中，并增加他们的学习兴趣。同时，在选择和投放这些玩具时，教师需要考虑连廊覆盖多个发展领域及其与其他公共区域的联动。这样的投放策略将进一步丰富连廊的教育功能，为幼儿提供一个综合性的学习和成长空间。

第四节　幼儿园公共区域活动时间安排

一、时间安排的原则

合理的时间安排是高效分配、利用幼儿园公共区域资源的必要前提，它不但能够避免活动秩序的混乱，还能够在维持有序活动的前提下帮助幼儿更好地拓展与丰富活动经验。如何合理地安排公共区域活动的时间呢？教师须遵循以下三个原则。

（一）高效利用

遵循高效利用原则的时间安排确保了公共区域资源在有限的前提下，得以充分利用，避免资源被浪费的情况出现。具体而言，高效利用这一原则体现在两个方面：空间的高效利用和材料的高效利用。

对公共区域空间的高效利用意味着幼儿园内所有的空间不会在幼儿在园时间内出现高空置率。在理想的情况下，幼儿园的不同公共区域空间在幼儿在园时应能够被每日使用，不出现幼儿因时间安排不当而没有机会使用某一公共区域同时亦有公共区域出现无人使用的情况。

对材料的高效使用意味着不同种类的材料能够在不同公共区域活动中被常态化使用，不存在材料积灰的情形。合理的时间安排让幼儿能够在不同的时间段交错使用不同的材料，并且通过材料帮助幼儿积累丰富的活动经验。

在强调高效利用这一时间安排原则时，幼儿园也需要注意为空间与材料的调整预留一定的时间，即教师与幼儿能够根据活动开展的实际需要对空间规划与材料投放进行持续的、不定期的改进。

（二）全面自由

不同公共区域活动所侧重的活动经验与发展领域各不相同，而且规划完善的公共区域应能相互联动、有机互补，形成一个生态化的整体。因此，只有当幼儿在幼儿园才能够有充足的机会进入不同的公共区域，全园的公共区域才能最大限度地发挥其价值，促使幼儿获得全面且深刻的经验。

时间安排的“全面”是指幼儿在一个学期内有机会进入幼儿园所有的公共区域，体验各公共区域不同类型的活动。需要澄清的是，“有机会进入幼儿园所有的公共区域”并不意味着幼儿必须在一个学期内进入幼儿园中所有的公共区域开展活动才能获得全面的发展经验，但为幼儿提供进入所有公共区域的机会能够有效帮助幼儿了解不同类型公共区域活动，从而方便幼儿了解自身的互动兴趣及发展需求。

时间安排的“自由”是指幼儿除了有机会进入所有的公共区域，还能够根据自身的发展需求自由选择进入不同的公共区域。由于幼儿的发展是个性化、差异化的，因此给予幼儿自主选择进入不同公共区域活动的机会能够帮助幼儿在全面的活动体验之外获得持续、深入参与某一公共区域活动的机会，进一步深化适合幼儿个体需求的相关活动经验。

（三）合理有序

思贤幼儿园将幼儿园的公共区域分为户外公共区域、专用活动室与连廊三大类，其中每一类公共区域又可进行细分，指向具体的、更多数量的幼儿园公共区域。在追求高效利用原则时，幼儿园各班往往处于“共同使用园内公共区域”的状态，这极易导致由“时间冲突”引起的公共区域活动秩序的混乱。因此，合理有序的时间安排既是必要的，也是维护幼儿园活动秩序的重要手段。

其合理性体现在时间安排应确保让幼儿在使用不同公共区域的过程中获得持续、相关的活动经验，而非“走马观花”式的活动体验。有序性体现在幼儿园公共区域活动时间安排能够让不同群体的幼儿在高效利用幼儿园公共区域空间、材料的同时维护全园活动秩序。

二、时间安排的策略

幼儿园公共区域活动的组织与实施立足幼儿一日生活，为了统筹协调各班参与各个公共区域活动的机会，同时保证幼儿户外活动时间，思贤幼儿园在公共区域活动时间安排上采取了“建议”和“预约”相结合的机制。具体而言，分为班级、年级和园级三个循环，邀请课程设计的不同主体——幼儿、教师、管理人员参与到公共区域时间规划中来。

（一）提升效率：错峰安排公共区域活动时间

公共区域活动的质量可以通过幼儿在公共区域的活动体验进行检验，高质量的公共区域活动最直观的表现就是幼儿在活动中的自由、自主、积极、愉悦的状态。幼儿园公共区域活动的时间安排直接影响幼儿公共区域活动内容的建构和发展。

1. 弹性安排时间：夏冬季错峰

江苏省课程游戏化项目“六个支架”中提到：尝试实行弹性一日活动时间安排表，除了餐点和午休时间，其他时间允许教师根据活动需要，灵活调配。教师安排时间的原则是建立稳定、有规律的一日生活流程，满足幼儿自主活动的需要。考虑到季节因素，幼儿园将幼儿一日生活作息表分为春秋季、夏季和冬季，在三种不同作息表中弹性安排公共区域活动时间，灵活把握幼儿自主游戏的时间节点，支持不同年龄段幼儿在适宜的环境中充分体验和发展游戏情境。冬季晨间气温过低，应遵循先集体教学后开展公共区域活动的安排；夏季天气炎热，晨间温度适宜，公共区域活动时间安排在来园后的户外锻炼时间内，气温上升时教师在班级开展集体教学活动，连廊与专用活动室活动尽量安排在下午。教师要敏锐地发现幼儿活动状态和时间安排的关系，在此基础上确定较为合理的公共区域活动时间。

2. 平衡发展需要：上下午错峰

思贤幼儿园实行错峰作息制度，为大、中、小三个年龄段的幼儿制定了错峰作息时间表（表4）。教师可以从下面不同年龄段幼儿的自主性游戏时间安排中看出，尽管大、中、小班的公共区域活动时间段有所重叠，但上午公共区域活动开始的时间相互错开，下午公共区域活动结束的时间也相互错开，这可以在保证幼儿活动时长的同时更好地维护幼儿园公共区域活动的秩序，是幼儿进行高质量公共区域活动的基本保障。

表4　思贤幼儿园错峰作息时间表

班级	时间	活动内容
小班	10:00—11:00	公共区域活动（户外、专用活动室、连廊）、班级区域活动
	14:50—15:30	吃点心、公共区域活动（户外、专用活动室、连廊）、班级区域活动
中班	9:45—11:00	公共区域活动（户外、专用活动室、连廊）、班级区域活动
	14:50—15:50	吃点心、公共区域活动（户外、专用活动室、连廊）、班级区域活动
大班	9:50—11:00	公共区域活动（户外、专用活动室、连廊）、班级区域活动
	14:50—16:10	吃点心、公共区域活动（户外、专用活动室、连廊）、班级区域活动

（二）“动”“静”结合：兼顾规则与自由、深度与广度

无规矩不成方圆，必要的时间安排规则能够有力维护思贤幼儿园的活动秩序；但同时，教师也需要保证幼儿的活动自由度，支持他们在自由的环境中实现个性化的发展。为此，思贤幼儿园的公共区域活动时间安排分为“动”与“静”两个部分。

1. 动态的活动时间：注重活动深度

“动”是指对公共区域活动时间进行灵活、自主安排。动态的活动时间分为两类：

一类动态的活动时间是指以班级为单位，教师在学校统一安排的静态的活动时间之外的公共区域活动时间。在这样的公共区域活动时间内，教师往往根据班级整体的兴趣及发展需求进行活动区域的选择，这样静态的活动时间之外的有针对性、有计划的公共区域活动时间安排能够给予幼儿更加深入地进行某一活动、获得深层的相关经验的机会。

另一类动态的活动时间是指幼儿能够自由安排的、以年级或以全园幼儿为活动主体的混班、混龄的公共区域活动时间，通常为思贤幼儿园每周三的活动时间段。在混龄、混班的公共区域活动时间内，幼儿能够完全根据自身的兴趣参与不同的公共区域活动，自主决定活动时长，也能够与班级、年级之外的更多幼儿进行社会交往。相比于静态的活动时间，这样的动态的活动时间安排更好地顾及了个体发展需求，有利于增加公共区域活动的深度。

2. 静态的活动时间：强调活动广度

“静”指公共区域活动时间相对固定。统一安排的公共区域活动时间包括每班每周 2 次的户外公共区域活动时间及 1 次室内公共区域活动时间。根据幼儿园的时间安排，幼儿可以连续 4 次进入同一户外公共区域进行自主性活动，并且在一个学期之内可以进入 11 个左右的户外公共区域。对于不同的班级来说，幼儿园“循环式”的安排建议能够最大限度地保证公共区域活动空间使用的公平公正性，确保不同班级有相同的机会使用园内的公共区域活动资源。

（三）三级“循环”规则：微循环—中循环—大循环

1. 公共区域活动微循环：班级项目活动内循环

思贤幼儿园公共区域拥有丰富的课程资源，教师在开展公共区域活动时可以观察幼儿，发现幼儿的兴趣点，适时引导幼儿讨论自己感兴趣的话题或问题，对其进行分析和价值判断，并在此基础上开展项目活动。由资源引发的项目活动开展之后，教师要与幼儿共同讨论活动的发展方向，鼓励幼儿自主规划可能的活动线索，及时调整预设的线索内容。在做项目活动前的准备工作时，教师需要和幼儿共同思考活动所需的环境，活动既可以在教室内进行，也可以在教室外进行，因此不同功能的公共区域在此时发挥着至关重要的作用，幼儿可以根据活动需求灵活使用这些公共区域。

例如，丰收的秋季，思趣园里的山楂树上结满了红彤彤的山楂果子，大班幼儿想尝一尝果子的味道究竟是酸的还是甜的，于是着手计划起采摘山楂的相关事宜。记录山楂的数量、选择合适的采摘工具、清洗山楂……大班幼儿生活经验丰富，知道山楂可以制作成冰糖葫芦，山楂切片晒干还可以制作成山楂干，距离思趣园最近的专用活动室——生活体验室便成为幼儿首选的活动地点。美食制作结束，幼儿提出将它们搬运至小镇长廊进行售卖，与其他班级进行互动，自然而然地实现了户外公共区域—专用活动室—连廊不同类型的公共区域之间的活动循环。整个过程中幼儿能自主地展示他们的“一百种”语言、“一百个”念头，“一百种”游戏方式，也提高了幼儿制订活动规划和小组合作的能力，做到在生活中探究、在探究中思考。

2. 公共区域活动中循环：年级组自主性游戏两周一循环

思贤幼儿园户外自主性游戏以班级为单位，每两周循环一次，每班幼儿可连续进区 4 次。表 5 与表 6 分别是思贤幼儿园大班户外自主性游戏安排建议表和思贤幼儿园自主性游戏时间建议表。从两张表可以看出，每一天不同的户外公共区域都有相应的班级进行活动，如遇天气不宜等情况，班级还可以进行后续预约。这样的双周循环能够确保各个班级在一学期内体验、参与不同公共区域的活动，避免了公共区域空间与时间的浪费。

表 5　思贤幼儿园大班户外自主性游戏安排建议表（第一学期）

班级	周次									
	一、二	三、四	五、六	七、八	九、十	十一、十二	十三、十四	十五、十六	十七、十八	十九、二十
大一班	涂鸦区	干沙＋轮胎组合	木梯组合区（中）	“自然博物馆”＋鞍马垫子	西面球区	西木梯组合区	骑行＋北楼梯阅读区	北建构区	玩石区	湿沙＋玩水
大二班	涂鸦区	干沙＋轮胎组合	木梯组合区（中）	“自然博物馆”＋鞍马垫子	西面球区	西木梯组合区	骑行＋北楼梯阅读区	北建构区	玩石区	湿沙＋玩水
大三班	干沙＋轮胎组合	木梯组合区（中）	“自然博物馆”＋鞍马垫子	西面球区	西木梯组合区	骑行＋北楼梯阅读区	北建构区	玩石区	湿沙＋玩水	思趣园
大四班	……	……	……	……	……	……	……	……	……	……

备注：如安排活动当天受天气因素影响，班级不能开展户外自主性游戏，可优先去组长处预约相应户外场地。

表 6　思贤幼儿园自主性游戏时间建议表

时间	班级										
周一	小一班	小三班	小五班	小七班	中二班	中四班	中六班	中八班	大一班	大三班	大九班
……	……	……	……	……	……	……	……	……	……	……	……

3. 公共区域大循环：年龄段专用活动室活动三周一循环

与户外公共区域的双周循环相似，思贤幼儿园的专用活动室采用“三周一循环”的机制（表 7、表 8）。表 7 是思贤幼儿园专用活动室安排建议表，表 8 是思贤幼儿园专用活动室时间建议表。一个班级可以连续三周在同一室内公共区域进行活动；上午开展室内活动的班级，也可以到组长处预约下午户外游戏的场地。保障活动周期的连续性是为了尊重幼儿的游戏天性，有利于幼儿身心和谐发展。

表 7　思贤幼儿园专用活动室安排建议表

<table>
<tr><th rowspan="2">班级</th><th colspan="7">周次</th></tr>
<tr><th>一、二、三</th><th>四、五、六</th><th>七、八、九</th><th>十、十一、十二</th><th>十三、十四、十五</th><th>十六、十七、十八</th><th>十九、二十、二十一</th></tr>
<tr><td rowspan="2">大一班</td><td rowspan="2">创意美术室</td><td>思贤小舞台（1周）</td><td rowspan="2">科技长廊</td><td rowspan="2">创意工坊</td><td rowspan="2">幼儿阅览室</td><td rowspan="2">生活体验室</td><td rowspan="2">创意美术室</td></tr>
<tr><td>小镇长廊（2周）</td></tr>
<tr><td rowspan="2">大二班</td><td rowspan="2">创意美术室</td><td>思贤小舞台（1周）</td><td rowspan="2">科技长廊</td><td rowspan="2">创意工坊</td><td rowspan="2">幼儿阅览室</td><td rowspan="2">生活体验室</td><td rowspan="2">创意美术室</td></tr>
<tr><td>小镇长廊（2周）</td></tr>
<tr><td rowspan="2">大三班</td><td>思贤小舞台（1周）</td><td rowspan="2">科技长廊</td><td rowspan="2">创意工坊</td><td rowspan="2">幼儿阅览室</td><td rowspan="2">生活体验室</td><td rowspan="2">创意美术室</td><td>思贤小舞台（1周）</td></tr>
<tr><td>小镇长廊（2周）</td><td>小镇长廊（2周）</td></tr>
<tr><td>……</td><td>……</td><td>……</td><td>……</td><td>……</td><td>……</td><td>……</td><td>……</td></tr>
<tr><td rowspan="2">大九班</td><td rowspan="2">幼儿阅览室</td><td rowspan="2">生活体验室</td><td rowspan="2">创意美术室</td><td>思贤小舞台（1周）</td><td rowspan="2">科技长廊</td><td rowspan="2">创意工坊</td><td rowspan="2">幼儿阅览室</td></tr>
<tr><td>小镇长廊（2周）</td></tr>
<tr><td>中一班</td><td>生活体验室</td><td>幼儿阅览室</td><td>创意美术室</td><td>小镇长廊</td><td>纸筒＋连廊建构</td><td>思贤小舞台</td><td>生活体验室</td></tr>
<tr><td>中二班</td><td>生活体验室</td><td>幼儿阅览室</td><td>创意美术室</td><td>小镇长廊</td><td>纸筒＋连廊建构</td><td>思贤小舞台</td><td>生活体验室</td></tr>
<tr><td>中三班</td><td>幼儿阅览室</td><td>创意美术室</td><td>小镇长廊</td><td>纸筒＋连廊建构</td><td>思贤小舞台</td><td>生活体验室</td><td>幼儿阅览室</td></tr>
<tr><td>……</td><td>……</td><td>……</td><td>……</td><td>……</td><td>……</td><td>……</td><td>……</td></tr>
<tr><td>中九班</td><td>纸筒＋连廊建构</td><td>思贤小舞台</td><td>生活体验室</td><td>幼儿阅览室</td><td>创意美术室</td><td>小镇长廊</td><td>纸筒＋连廊建构</td></tr>
<tr><td>小一班</td><td>纸筒＋连廊建构</td><td>思贤小舞台</td><td>生活体验室</td><td>幼儿阅览室</td><td>创意美术室</td><td>思贤小舞台</td><td>纸筒＋连廊建构</td></tr>
<tr><td>小二班</td><td>生活体验室</td><td>幼儿阅览室</td><td>思贤小舞台</td><td>创意美术室</td><td>生活体验室</td><td>纸筒＋连廊建构</td><td>生活体验室</td></tr>
<tr><td>小三班</td><td>幼儿阅览室</td><td>思贤小舞台</td><td>生活体验室</td><td>创意美术室</td><td>幼儿阅览室</td><td>纸筒＋连廊建构</td><td>思贤小舞台</td></tr>
<tr><td>……</td><td>……</td><td>……</td><td>……</td><td>……</td><td>……</td><td>……</td><td>……</td></tr>
<tr><td>小九班</td><td>生活体验室</td><td>幼儿阅览室</td><td>思贤小舞台</td><td>创意美术室</td><td>纸筒＋连廊建构</td><td>幼儿阅览室</td><td>生活体验室</td></tr>
</table>

表 8 思贤幼儿园连廊专用活动室时间建议表

时间	班级				
周一	上午	小二班	小四班	中三班	中九班
	下午	大二班	大四班	—	—
周一	上午	小一班	小九班	中四班	—
	下午	大一班	大五班	—	—
周三	……	……	……	……	……
	……	……	……	……	……

注：上午在专用活动室开展活动的班级，下午到年级组长处预约户外重点区域，如班级重点区域是室内的，可预约户外活动（重点区域班级优先）。

本章重点总结

1. 幼儿园公共区域活动空间规划的主要原则有安全性、开放性、实用趣味性、丰富包容性和留白可变性。

2. 户外公共区域需要具有一定的生态性、挑战性与多元性。

3. 专用活动室的创设需要注意空间的探究性、秩序性。

4. 连廊的空间需要强化其灵活开放性、可供性与情境性。

5. 幼儿园公共区域空间材料投放的原则包括目标性、层次性、可变性。

6. 高效利用、全面自由和合理有序是公共区域活动时间安排的关键。

第三章 统筹互融：幼儿园公共区域活动的实践指导

幼儿园公共区域活动是幼儿在园一日生活的重要组成部分。公共区域活动不仅能够丰富幼儿的一日活动，还能够促进幼儿在活动中全面发展。在组织与实施幼儿园公共区域活动时，幼儿园须遵循以下要点，以确保活动的有效性和教育意义。

第一节 幼儿园公共区域活动的实施原则

一、安全性原则

安全性是幼儿园公共区域活动组织与实施的首要原则，幼儿在活动过程中的人身安全是重中之重。因此，在组织活动时，教师必须把幼儿的安全放在第一位。

（一）确保活动场地的安全

公共区域活动的现场应该符合安全标准，设施设备应该齐全、完好，避免有尖锐、突出的物体，以免幼儿受伤。例如，教师须确保供幼儿进行食物制作的生活体验室内的电器不漏电，并且能够正常使用；在活动前，教师还应报备学校，并购置齐全的幼儿专用小刀、剪刀等厨具；另外，教师、保育员应在活动前后做好专用活动室的清洗、消毒工作，避免食品安全问题的发生。此外，幼儿园需要为幼儿提供充足的活动场地，避免因场地拥挤而发生安全事故。

（二）确保活动内容的安全

公共区域活动的内容应该符合幼儿的年龄特点和认知水平，避免过于刺激、危险的活动，以免对幼儿的身心造成伤害。例如，在草坪区，每个年龄段的幼儿都可以玩出不一样的风采：小班幼儿可以数一数不同的花有多少片花瓣，中班幼儿可以开展插花、开花店等主题性活动；大班幼儿可以用花制作花茶，并了解各种花的实用价值……这样生活化的内容既安全又有利于幼儿的发展。

（三）做好安全教育

在活动前，教师应做好安全教育，将活动中可能出现的危险情况一一罗列，用演一演等方式让幼儿知道相应的处理方法，增强幼儿的安全意识和自我保护能力。在活动中，教师也应该增强安全意识，时刻关注幼儿在活动中的表现，保证幼儿的安全。

二、目标性原则

公共区域活动的组织与实施应该有明确的目标，以促进幼儿的全面发展。

（一）活动目标的明确性

公共区域活动的目标应该明确、具体，能够被量化评价。在户外建构区，各年龄段幼儿的建构目标是层层深入的。在小班阶段，教师要把帮助幼儿建立建构游戏的常规、教授幼儿简单的建构技能和分类整理的方法作为游戏目标。中班幼儿有了小班的游戏经验，再加上手部小肌肉动作的发展，已经有了一定的建构能力。教师要把丰富幼儿的建构内容，让幼儿尝试绘制建构计划图，并按照计划有目的地运用架空、覆盖、塔式、桥式等建构技能进行游戏作为目标。大班幼儿的建构游戏有目的、有技巧，教师要把引导幼儿与同伴合作绘制建构计划图、设计建构方案，培养自我评价和评价他人作品的能力作为目标。

（二）活动内容的针对性

公共区域活动的内容应该根据幼儿的发展需求和特点进行选择，以确保活动对幼儿的发展具有实际意义。在大班的“秋日集市”活动中，为了让幼儿更好地走近生活、解决实际问题，提升幼儿的社会适应能力，教师将店铺布局的规划、售卖货物的制作和游戏角色的分配都“放权”给幼儿，为幼儿提供社会性能力发展的平台。

三、参与性原则

公共区域活动的组织与实施应该注重幼儿的参与，让幼儿在活动中发挥主体作用。

（一）活动安排的合理性

思贤幼儿园规模较大、人数较多，因此对公共区域活动的安排更需要进行合理分配，让幼儿有更多的机会参与活动，将公共区域活动辐射覆盖全园幼儿。为此，幼儿园采取户外公共区域两周一循环、每周两次、幼儿可持续进区四次的方式，室内公共区域三周一循环、每周一次、幼儿可持续进区三次的方式，让每个幼儿都有机会获得参与不同公共区域活动、在同一公共区域活动中获得持续性活动的机会。

（二）活动内容的主体性

在公共区域的活动中，教师要充分倾听幼儿的声音，关注他们的需要，听取他们的意见，让他们真正成为活动的组织者和参与者。例如，在小镇长廊的活动中，教师让幼儿参与长廊的前期规划设计，并根据吴江本地的风俗习惯，划分出美食区、锡器区、剪纸区三大区域的游戏内容。为了让幼儿更真实地进行游戏，教师将货架的摆放、隔断的设计、商品的定价等具体游戏任务都交给幼儿，让幼儿自己制订计划、自主尝试、自由探索，真正成为游戏的主人。

（三）活动评价的反馈性

公共区域活动的评价应该具有反馈性，能够让幼儿了解自己的表现和不足。在1小时的公共区域游戏中，教师可以通过观察、交流，了解幼儿的活动情况，及时给予个别指导和鼓励。在游戏后，教师会预留约15分钟的时间给幼儿整理材料，并开展面向全班幼儿的游戏评价，让幼儿有机会获得关于活动中存在的问题及相应改进措施的反馈。在这一环节中，小班着重整理，中班、大班则更多聚焦于游戏内容的交流讨论和评价。

四、灵活性原则

公共区域活动的组织与实施应该具有灵活性，以适应幼儿的发展变化。活动组织与实施的灵活性主要体现在以下三个方面。

（一）活动计划的调整

公共区域活动的计划应该具有灵活性，能够根据幼儿的发展需求和实际情况进行调整。教师可以根据幼儿的兴趣、需求和环境变化，及时调整活动内容和方法。当幼儿对某个主题表现出浓厚的兴趣时，教师可以适当延长与该主题相关的活动时间，并提供更多的材料和资源，以满足幼儿的好奇心和探究欲。

（二）活动资源的整合

公共区域活动面向全园幼儿，突破了年龄的局限，因此公共区域活动的资源应该具有灵活性。在设计公共区域活动时，教师要考虑各个年龄段幼儿的兴趣与发展需求，调动幼儿、父母、社区等资源，搜集各种类型的材料，并整合幼儿园内外资源，如场地、设施、材料等，为幼儿提供更多的发展机会。

（三）活动时间的安排

公共区域活动的时间应该具有灵活性，能够适应幼儿的发展节奏。教师可以根据幼儿的年龄和发展水平，合理安排活动时间，保证幼儿的休息时间和活动时间的平衡。活动时间还应该考虑到环境的变化。例如，当天气变冷时，教师可以增加室内活动的时间，以保证幼儿的健康；当天气适宜、户外环境好时，教师可以组织幼儿进行户外探索和实践活动，以拓宽他们的视野，丰富他们的经验。

五、趣味性原则

兴趣是幼儿参与活动的内在动力，公共区域活动的组织与实施应该从幼儿感兴趣的内容出发，通过富有趣味性的活动实施方式让幼儿在愉悦的氛围中自主、快乐地参与活动。

（一）活动内容的趣味性

公共区域活动的内容应具有趣味性，能够吸引幼儿的注意力。例如，在草坪区，教师可以引导幼儿比较各类果树的叶子、果实的异同；尝试运用工具采摘成熟的果实；探索如何统计各类果树的数量，合作绘制课程资源地图，方便其他班级的幼儿了解树木的具体位置；等等。这些活动都是寓教育于生活之中的，能够让幼儿在自主探索、互动交往中，获得人际交往、探究能力等方面的发展。

（二）活动方式的趣味性

公共区域活动的组织方式应该注重创新，避免单一、枯燥的活动形式。小竹林是思贤幼儿园的幼儿非常喜爱的一个公共区域，基于幼儿的兴趣，教师开展了适合集体参与的活动——竹笋观察大考验、适合小组参与的活动——竹叶拼搭和适合个人参与的活动——竹林探险。通过多元化的活动方式，幼儿在不同的活动形式中体验到了不同的乐趣。

（三）活动环境的趣味性

公共区域活动的环境应该舒适、温馨，符合幼儿的年龄特点和心理安全需要，并用趣味的装饰给不同年龄段的幼儿带去愉悦的心情，让幼儿在舒适的环境中与同伴互动合作。例如，在幼儿阅览室放置一些柔软的坐垫、舒适的靠垫，让幼儿在舒适的环境中阅读。教师还可以放置一些小动物手偶，吸引幼儿的注意力，开展故事表演活动，激发他们的想象力。在创意美术室，教师可以准备各种颜色的颜料、画纸、画笔等工具，让幼儿自由发挥，创作出自己喜欢的画作。将幼儿的美术作品上墙展示，举办美术作品展览也是布置活动环境的实用策略，这样可以使环境更偏向儿童视角，也可以使活动环境充满欢乐的气息。通过这些温馨舒适的环境布置和多样化的活动设置，幼儿在公共区域能找到自己喜欢的角落，享受自由玩耍的乐趣，与同伴一起度过快乐的时光。

综上所述，幼儿园公共区域活动组织与实施的原则包括安全性原则、目标性原则、参与性原则、灵活性原则和趣味性原则。在组织与实施幼儿园公共区域活动时，教师应该遵循这些原则，以确保活动的有效性，促进幼儿的全面发展。同时，还应该注重活动的创新和实践，不断提高幼儿园公共区域活动的质量，为幼儿的全面发展提供更好的支持。

第二节　幼儿园公共区域活动的观察与指导

一、观察与指导的要点

（一）幼儿在公共区域活动中的兴趣与参与度

观察幼儿在公共区域活动中的行为表现对了解幼儿的发展和学习至关重要。通过观察幼儿的兴趣、参与度等方面的表现，教师可以为幼儿提供有针对性的支持和引导，助推幼儿全面发展。同时，这也有助于满足幼儿的需求，为他们提供适宜的学习环境和资源。如何观察幼儿？以下两点是需要教师注意的。

1. 观察幼儿的兴趣爱好，提供个性化支架

兴趣爱好既是幼儿个性化发展的重要特征之一，也是幼儿实现个性化发展的重要条件。“兴趣是最好的老师”——幼儿的兴趣反映出幼儿的发展偏好，也为幼儿在某一领域开展深度学习提供了前提条件。公共区域轻松、自主的氛围促使幼儿自由选择自己感兴趣的活动，这也让公共区域活动成为教师观察幼儿兴趣的绝佳机会。为幼儿提供合适的环境和材料，强化他们参与不同活动的意愿，教师可以借此观察幼儿的兴趣爱好，为他们提供符合其发展水平的适宜的学习材料和活动架构。

2. 观察幼儿的活动参与度，增强幼儿专注力

幼儿的活动参与度包括幼儿参与活动的时长与活动内容的深度两个方面。在观察幼儿兴趣爱好的过程中，教师可以通过观察幼儿持续参与活动的时间与活动卷入

深度，了解幼儿的活动参与度；通过观察幼儿的专注力，为他们提供适合其发展水平的学习材料和活动，帮助幼儿提升专注力的广度与深度，避免幼儿养成“三心二意”的不良习惯。

（二）幼儿在公共区域活动中的合作交往能力

通过观察幼儿与同伴、同龄人及不同年龄段的幼儿之间的交往行为，教师可以更好地了解他们的社交技能、情感认知和认知语言能力的发展进程，并为幼儿提供具有针对性的支持。在此过程中，以下两点可供参考。

1. 观察幼儿在同龄交往中的行为表现

在同龄群体中，教师可以直观地获得群体内个体发展水平的横向对比。通过关注幼儿在游戏和活动中与同龄人的互动情况，教师能够观察其是否能理解和尊重同伴的意见、感受和需求，进一步评估幼儿在情绪感知、社会交往方面的能力与发展水平是否符合其年龄发展常态。尽管教师不通过横向对比定义幼儿的发展水平，但这样的横向对比能够帮助教师直观地了解幼儿在相同年龄群体中的适应情况，进而适当调整现有的教育教学策略，让课程更好地服务每个孩子。

2. 观察幼儿在跨龄交往中的行为表现

提供跨龄交往机会，可以使幼儿从不同年龄段的幼儿的身上学习他们的长处，从而获得更广泛的社交经验；由于幼儿面对发展水平各异的同伴会采取不同的交往策略，因此在跨龄活动中，运用丰富的交往策略能够更好地展示个体在合作、分享等方面的发展水平，为教师了解幼儿的发展，尤其是幼儿的社会性水平发展提供更全方位的视角。

（三）幼儿在公共区域活动中的问题解决行为

幼儿在公共区域活动中展现的问题解决能力是其积累的经验所带来的结果。他们在与他人互动、探索环境和解决问题的实践中不断积累经验，并能在类似情境下应用这些经验来解决问题。这不仅能培养幼儿的自主性和创造性思维，还有助于培养他们的合作和社交技巧。因此，观察幼儿在公共区域活动中的问题解决行为，并评估其问题解决能力是教师的一项非常重要的任务。

1. 观察、指导幼儿在公共区域活动中的探索行为

幼儿园的探索行为指幼儿意图了解未知事物或对某一问题寻求答案的行为。在公共区域，幼儿会接触到各式各样的新事物、新现象，他们往往会产生新的疑问，并且会依据自身已有的经验对其采取相应的措施，以期满足自己的好奇

心，从而解决困惑。幼儿的探索行为可以反映他们对问题的理解程度，以及他们对各类解决问题策略的掌握程度，在解决问题的过程中能够展现幼儿的创造性思维发展水平。

2. 观察、指导幼儿在公共区域活动中解决冲突的行为

公共区域活动通常涉及幼儿间的交往，而冲突在同伴交往中是无法避免的。幼儿需要在解决冲突的过程中通过观点采择等方式厘清冲突发生的原因，并提出切实可行的解决方案。这能够直观地反映出幼儿对人际交往策略的掌握情况、情绪发展情况及其背后的思维发展水平。

通过观察幼儿之间解决冲突的能力，教师可以了解幼儿思维水平的发展阶段，并据此为幼儿提供有针对性的发展策略，以促进幼儿的人际交往能力及其他方面能力的发展。

二、观察与指导的注意事项

（一）遵循适宜性原则

在幼儿园公共区域活动中，教师的引导起着至关重要的作用。通过深入了解幼儿的个体成长差异，教师可以为幼儿有效地提供个体化支持和指导，在幼儿园一日生活中为幼儿提供差异化的经验。这种引导有助于幼儿跳出统一的活动经验框架，培养幼儿的社会交往技能、解决问题的能力和自主学习的能力，为幼儿未来的学习和发展奠定坚实的基础。何为“适宜性”，它包含以下三个要点。

1. 观察幼儿的个性化特点，了解幼儿差异化的发展需求

“适宜性”意味着以适宜的标准看待幼儿。幼儿的发展是具有个性化、差异化的。只有了解不同幼儿的发展需求，教师才能避免用“一把尺子”衡量幼儿的发展水平，避免以模板化的活动规则要求幼儿。

在幼儿园公共区域活动中，教师通过观察了解幼儿不同的兴趣、特长，以及可能遇到的困难，进而通过丰富、调整材料，采用差异化的指导策略，为幼儿提供个性化的发展支持。

2. 创设具有挑战性的任务，激发幼儿的学习兴趣

优质的教育需要在幼儿的最近发展区内为其提供难度适宜的任务。公共区域活动的形式多样、内容丰富，且具有较大的灵活性。因此，教师可以在评估幼儿能力水平的前提下，通过设置具有挑战性的任务以激发幼儿的思考欲和探究欲，提高他们解决问题的能力。

3. 提供适宜的支持和引导，帮助幼儿提高解决问题的能力

当幼儿在公共区域活动中遭遇瓶颈时，直接包办显然不是最合理的做法；若完全任由幼儿自行探索而不提供帮助，则削弱了教师在公共区域活动指导中的专业价值。

教师可以通过与幼儿的交流和互动，了解他们的思考过程和困惑之处，并为其提供具有针对性的指导，及时给予幼儿积极的反馈和认可，公正地对待每个幼儿，以增强他们的自信心和学习动力。

（二）把握恰当时机

在幼儿园公共区域活动中，幼儿的活动是不断发展变化的。教师需要根据幼儿活动发展的不同情况在不同的时间节点为幼儿提供相应的支持策略，这也就意味着教师需要准确地把握活动指导时机，力求对幼儿的行为发展产生积极影响。有文章指出，适时的行为指导有助于引导幼儿尊重他人，养成良好的学习习惯及合作交流方式，这些品质对幼儿的社交与学习发展至关重要。[①] 因此，在公共区域活动中，教师应当灵活运用时机，为幼儿的健康快乐成长提供有效的行为指导。

1. 重视恰当的引导时机

教师在介入幼儿的活动时需要注意时机的适宜性。教师过早的介入会扼杀幼儿进行探索的自主性，但滞后的介入又不利于幼儿通过当下经验进行相应的思考。因此，教师需要从幼儿是否有自主解决问题的倾向、是否因困难而暴露停止探索行为、解决此问题是否具有一定的价值等方面来衡量教师观察及指导时机的合理性。

2. 关注及时的行为反馈

反馈可以帮助幼儿更好地了解自身的发展水平，积极的正反馈还能够在一定程度上缓解其失落、厌烦等消极情绪，显著提升引导效果。

除了对幼儿进行观察及初步的引导之外，教师还应对幼儿的后续行为进行关注，在幼儿做出改进或继续坚持探索的情况下对幼儿进行及时的认可和奖励，让幼儿意识到自己的努力被认可，从而增强幼儿的自信心和活动的积极性。

（三）关注幼儿的全面发展

《幼儿园教育指导纲要（试行）》明确指出：幼儿园教育是基础教育的重要组成部分，是我国学校教育和终身教育的奠基阶段。幼儿园教师在公共区域活动中的引导不仅要满足幼儿当前的需求，还要促进幼儿的全面发展，提高他们的学习和发展的能力，为他们未来的成长奠定坚实的基础。在公共区域活动过程中，教师需

① 叶萍．论幼儿园环境创设对幼儿心理健康的影响［J］．读写算，2018（17）：36.

要关注以下三点。

1. 促进幼儿与同伴合作与互动，助力幼儿提高社会认知与交往水平

公共区域活动为幼儿提供了丰富的社会交往机会，让幼儿能够在游戏情境下应对不同的人际交往问题。因此，教师应充分利用公共区域活动互动的特点，通过引导幼儿与同伴合作、互动，培养他们的社交能力，促进良好人际关系的建立；引导幼儿参与各种团体活动，培养他们的合作精神和团队意识、独立性和自我控制能力，使他们在游戏中学会独立思考与自主决策。

2. 教师指导要关注幼儿积极的情感和态度

情绪感知、表达能力是幼儿适应社会生活的重要发展内容。在公共区域活动中，幼儿既可以体验到不同的情绪，并需要通过合理的方式表达自身情绪，也可以在与他人的交往中学习感知、理解他人的情绪。

因此，教师应借助幼儿园公共区域活动的机会引导幼儿在活动中学习不同的、合理的情绪表达方式，并增强对他人情绪的理解。

3. 教师指导要有助于幼儿的知识积累和技能体验

在公共区域活动中，教师可以设计一些启发性的游戏和活动，让幼儿在游戏中主动发现、探索和学习知识，培养他们的好奇心和求知欲；让幼儿在实践中体验知识的乐趣，激发幼儿对知识的兴趣，丰富幼儿的实践经验。

通过观察和指导幼儿园公共区域活动，教师能够全面了解幼儿的发展情况，为幼儿提供有针对性的支持和引导，促进其全面成长。教师应重视观察与指导，并坚持遵循科学的观察要点，为幼儿提供良好的教育支持，助力幼儿的个人成长。

三、观察与指导的策略

幼儿园公共区域活动就幼儿园教育而言至关重要。观察与指导的策略可以帮助教师更好地了解每个幼儿的个体差异，定位幼儿的发展契机，促进幼儿之间的互动与合作，是评估幼儿活动质量的有力支持。因此，观察与指导的策略在幼儿园公共区域活动中的作用不可低估。

（一）利用户外自然探究活动，激发幼儿的自主性

幼儿对大自然中的事物与现象有着与生俱来的好奇心，他们通过直观的形象思维来理解事物。感官体验对幼儿来说至关重要，他们善于观察和发现新事物。与此同时，他们乐于与他人交流、分享和思考。这种互动交流不仅帮助他们获取更多

的知识和信息，也培养了他们的观察和思考习惯。教师要把握生活中一切教育孩子的机会，遵循幼儿认知发展规律，为幼儿提供探索机会，支持幼儿主动探究。

发现小竹林的小竹笋

1. 创设探索环境，激发幼儿的好奇心和探究欲

户外自然探究活动为幼儿提供了一个开放的环境，这里充满了各种令人好奇的事物。教师要抓住公共区域中的“细节”，引导幼儿对新事物进行探索，发展其好奇心与求知欲。

有一天，老师带领小朋友们散步，小朋友们来到了幼儿园的小竹林，有几个小朋友蹲下来，像是发现了什么东西。接着，煊煊小朋友问了一句：“老师，那个尖尖的东西是什么？”许多小朋友都感到很好奇，于是大家都要去看那个尖尖的东西。老师走过去一看，笑着说：“那是竹笋啊！”有小朋友又问：“那竹笋长大了就是竹子吗？”老师说：“是啊！”小朋友们新奇地继续看着竹笋。回到教室后，小朋友们三五成群地围在一起讨论刚刚在小竹林发现的竹笋：“我看到竹笋长得有点像三角形的。”“原来竹笋是竹子的宝宝啊！”“竹笋可以挖出来吃哟！”

幼儿在小竹林中发现了破土而出的竹笋，这引发了他们对竹笋生长的疑问。通过观察、讨论和实践，幼儿逐渐理解竹笋生长的过程，激发对自然的好奇心和探究欲。

2. 提供探索机会，培养幼儿的自主性

环境是引发幼儿学习的重要条件。在公共区域活动中，教师要借助环境中的现有资源创造探索机会，引导幼儿对环境进行观察与探索，并鼓励幼儿自主、自发地推进探索过程。在对小竹林的竹笋产生兴趣之后，教师与幼儿再次来到了小竹林。这一次，幼儿开始观察竹笋的变化，学习“找竹笋”。

小朋友们在老师的带领下再次来到小竹林。子砚大声喊起来：“快看，快看！那是我们上一次看到的小竹笋。”“它好像比上次长高了呢！”“除了这里有竹笋，还有哪里有呢？”宇泽一边拨弄着竹叶一边说：“它们应该长在竹叶里吧！我来找找。”旁边的晨晨听到了，反驳他说：“不是的，不是的！竹笋是长在泥土里的，上次我就是在竹子边上的泥土里看到的！”大家听到之后，都去竹子周围的泥土里找竹笋。他们轻轻地拨去泥土上面的枯叶，找呀，找呀。突然，子砚大喊一声：“老师，我找到了，我找到了，你快过来看呀！”老师走过去一看，真的是一个小小的竹笋。老师对他们说：“你们看看，这就是小竹笋，它周围的泥土会比别的地方要高出一些，可能是下面有竹笋的原因，你们去找一找泥土高出来的地方，下面是不是藏着竹笋？”小朋友们听了老师的话，都仔细地找了起来。

在探索过程中，教师并没有以强制性的、统一的语言要求幼儿去做什么，而是在探索之初耐心地倾听幼儿的问题；在幼儿发现竹笋后，教师引导幼儿继续自行寻找和挖掘竹笋。幼儿在挖掘过程中学会了观察竹笋的外形，讨论、分析其生长环境，提高了解决问题的能力。教师在旁边给予指导和支持，但并不干预幼儿的探索过程，让他们有了更多的自主决策和行动的机会。这种自主性的培养有助于幼儿发展独立思考和解决问题的能力。

3. 注重探索表达，促进幼儿自主认知

通过小竹林探索活动，幼儿学会了观察和描述竹笋的形态、颜色等特征。他们通过观察竹笋的生长环境，深入了解了植物的生长需求和生长过程。这种直观经验的积累不仅有助于幼儿建构对自然的认知，也有助于培养他们的科学思维能力。

回到教室以后，承逸说：“这个小竹笋是要剥皮的。”老师笑着说：“这个是小竹笋的壳，我们叫它‘笋壳’。你们看这个笋壳是怎样的？”子砚说：“一片一片的，有好多片呢！”子尧也跟着说起来：“我奶奶剥这个笋壳的时候也是一片一片剥的！”“笋壳下面是黄色的，上面尖的地方有点枯掉了！”我顺着小朋友的发现说：“小朋友们观察得真仔细，老师现在请你们好好观察一下这个小竹笋，你们还发现了什么？”观察仔细的承逸说：“老师，我看到小竹笋的下面有一点点黑的东西，这个是什么呀？”子砚也问：“这个会不会是根啊？”老师引导他们：“你们再动脑筋认真想一想？”子尧说：“是的，这些一点点的东西将来会在泥土里长大，就是竹子的根。”最后，大家决定查找资料看看子尧说得对不对。

在观察竹笋的过程中，幼儿用不同的语言描述自己的所见所得，练习用准确的、容易被他人理解的话语去陈述自己的发现、表达自己的疑问。在用语言表达自己的发现与想法的过程中，幼儿不断地加深自己对竹笋的认识，不断完善原有的关于竹笋的认知体系。

4. 鼓励合作与分享，体验自主探索的乐趣

在小竹林中，幼儿一起合作寻找竹笋、分析竹笋的特征，并一同品尝美味的竹笋。这样的合作活动培养了幼儿的团队合作和分享精神，让他们体验到集体合作的快乐。

承逸和晨晨找到了一个稍微大一些的竹笋，他们找来一根小树枝，用来拨开泥土，把边上的泥土弄开一些后，可以清晰地看到竹笋。承逸对老师说："老师，你看，我们找到竹笋了！"老师请小朋友们尝试挖小竹笋，小朋友们开心极了！"你挖的时候轻一点，小竹笋要被你弄坏了！"承逸对着旁边的晨晨说。"知道了！"在几个小朋友的合作下，他们把小竹笋挖了出来。子砚又兴奋地大叫起来："老师，小竹笋挖出来了，你快来看呀！""我看到了！这就是小竹笋，它长大了就变成竹子了，而被挖出来后就有可能成了大家吃的菜了。"挖到了几个小竹笋后，小朋友们把它们一起带回了教室。

在挖竹笋的过程中，幼儿自发地商量与合作，通过不断地尝试终于挖出了竹笋。挖出来的竹笋并不属于某一个幼儿，而是被带回班级中成为全班幼儿的"共同财产"。这一过程增强了幼儿的合作与分享意识。

户外自然探究活动是幼儿园教育中重要的教学内容。通过小竹林中的探索活动，幼儿满足了自己的好奇心和探究欲，增强了自身的自主性。教师应该为幼儿提供更多的户外自然探究活动，培养他们的认知能力，为他们的未来奠定坚实的基础。

（二）利用户外综合锻炼活动，促进幼儿发展

身体健康是幼儿全面发展的关键。《3—6 岁儿童发展与学习指南》中指出：发育良好的身体、愉快的情绪、强健的体质、协调的动作、良好的生活习惯和基本生活能力是幼儿身心健康的重要标志，也是其他领域学习与发展的基础。通过多种观察方式观察幼儿在户外综合锻炼活动中的表现，有助于教师了解幼儿当前的发展状况，为幼儿提供有针对性的、有效的指导策略，从而促进幼儿身心健康发展。

1. 随机观察，捕捉现象

随机观察能够帮助教师快速了解幼儿发展的水平，也有利于教师捕捉幼儿的活动兴趣。许多幼儿发展的代表性时刻是转瞬即逝的。因此，教师需要在公共区域活动中留意并及时记录一些幼儿发展的关键时刻。

在户外运动时间，小天站在一边看着其他幼儿拍球。老师邀请他一起尝试拍球，他试了一下，但球滚远了。小天慢慢走过去，弯腰捡球时，由于腰部赘肉较多，他没有完全弯下身来，未能成功捡到球；接着，他又尝试用力弯腰，成功捡到了球，但由于重心不稳，膝盖着地。小天在同伴的帮扶下，将球拿了起来。

拍球、捡球的动作都发生得极为迅速，但它能够反映小天的身体协调水平。教师很好地捕捉到了这两个时刻，并对细节性的信息进行了记录。随机式的观察不仅可以很好地帮助教师了解幼儿发展的重要时刻，也有利于教师发现幼儿的相关兴趣点，并以此为契机引导幼儿开展公共区域活动。

小莓在草丛旁边站了很久，似乎在看着什么。玥玥来拉小莓的衣服，叫她一起去玩滚轮胎。可是小莓只是举起手，做了一个“嘘”的手势。原来，她在草丛中发现了两只小小的粉蝴蝶。

小莓用一个手势拒绝朋友游戏邀请的动作被教师捕捉到了，教师据此了解到小莓对于粉蝴蝶的兴趣。当时，班级正在进行“我找到了春天”这一主题活动，教师将小莓的发现与班级中的幼儿做了分享，引起了一部分幼儿的共同兴趣。大家以此为契机，开展了“认识春天的昆虫”的主题活动，并丰富了幼儿园“昆虫旅馆”中的活动。

2. 追踪观察，抓住细节

除了一些“时刻”，幼儿的活动过程也能够以更加完善的形式呈现幼儿的状态。在持续性的记录中，教师也可以更好地看到幼儿通过不断尝试获得的发展。以下是教师对小天滑索活动时的记录。

在滑索处，小天与其他幼儿排队等候。轮到他时，他慢慢地将一只脚抬起放在凳子上，双手抓住旁边的栏杆，用力拉了一下，但没有成功上去。他停下来思考了一下，又试着拉住栏杆，尝试跨上垫脚的凳子，但仍未成功。小天离开滑索，先去旁边的绳索区玩了大约 10 分钟。然后，他又回到滑索处，一只脚放在凳子上，试图抬起另一只脚，但仍未能站上去。

小天再次尝试。一个女孩试图帮助小天上去，她用力推了一下他的屁股，小天站到了凳子上，但没能坚持太久。小天放下脚，说道：“太晃了！”然后，他就走开了。

在接近户外锻炼结束时，小天独自一人跑到滑索处，双手抓住栏杆，一只脚踏在垫脚的凳子上，另一只脚也站了上去，但坚持了大约 3 秒钟，他就把脚放回了地上，同时放松了手，放弃了尝试。

这段观察描述的时间跨度为 3 天。以上文字清楚地记述了小天多次尝试滑索的过程。与“某一时刻”的记录相比，持续地追踪观察不仅更好地呈现出小天对滑索这一活动的持续性关注，也呈现出小天从无法独立站上垫脚的凳子到在他人的帮助下站上垫脚的凳子再到靠自己短暂地站上垫脚的凳子的变化。在这一过程中，教师可以通过评估得到关于小天在身体协调能力、活动意愿及活动坚持性方面的信息，并在接下来的活动中给予小天关于滑索游戏的持续性指导。

3. 分析评估，探寻原因

通过随机观察与追踪观察相结合的观察方式，教师可以较为全面地了解幼儿的发展状态。在此基础上，教师就可以依据观察记录对幼儿进行三个方面的具体评估分析。公共区域活动的分析评估主要可分为两个维度：幼儿的发展状况评估和可能性原因分析。在初步的分析评估后，教师根据可能性原因分析认为小天发展存在“肢体协调性、平衡性有待增强”“多次尝试，但易放弃”的主要问题，原因如下：

① 年龄小。小天出生于8月末，是同届幼儿中年龄较小者，因此发展上可能稍慢于同届的其他幼儿。

② 饮食不均衡。小天在家、在学校都存在挑食行为。

③ 缺乏锻炼。小天在日常游戏活动中较少主动参加体育游戏。

④ 多次尝试，但易放弃。在自身运动水平有限的情况下，小天不太愿意向老师或同伴表达自己的想法或意愿。

4. 提出策略，促进发展

在进行分析评估后，教师需要结合正在开展的课程内容对幼儿的发展做出后续的支持。

（1）在日常教育教学中为幼儿提供支持

利用班级晨谈等环节分享小天多次尝试不放弃的事迹，鼓励同伴与小天一起进行体育游戏；在用餐环节，通过绘本故事、音乐游戏的方式为幼儿讲解不同食物的营养价值，鼓励不挑食的行为，营造良好的用餐氛围；在教育教学活动中重点关注小天的运动及饮食情况，当他的行为出现改善的时候及时对其进行正反馈。

（2）调整公共区域活动的内容，采用多种方式以满足幼儿的发展需求

当小天在公共区域活动时，鼓励他再次尝试滑索，如果小天仍然无法独自平稳地踩上凳子，教师可以加以肢体辅助，或先为小天提供更为稳定的垫脚的凳子，待小天能够熟练上下滑索后再替换垫脚的凳子。

（3）与家长进行合作

与小天的家长沟通，详细了解小天在家的饮食情况，并进行追踪式记录与持续性合作；在营养合理的前提下，以小天喜欢的烹饪方式烹饪菜品；对小天挑食改善的行为做出及时的表扬，提高其积极性。

总之，利用多种观察方式来促进幼儿的发展具有重要意义。教师通过观察幼儿在户外综合锻炼活动中的表现，并提供有针对性的指导策略，促进幼儿的身心健康发展。在实施过程中，教师应注重对幼儿兴趣的引导，并辅以正向激励，同时关注幼儿与同伴的互动，培养其自信心和社交能力。通过个人持续的努力和教

师正确的指导，幼儿的身心健康可以得到有效促进，为未来的学习和发展奠定坚实基础。

（三）利用幼儿阅览室，培养幼儿良好的学习习惯

幼儿阅览室是一个培养幼儿良好学习习惯的理想场所，通过独特的指导方式，尊重个体差异，满足幼儿多样化的学习需求，鼓励幼儿独立解决问题，培养自信心和创造力。此外，幼儿在此环境中能够学会合作并端正学习态度。适宜的指导策略有助于促进幼儿个人的发展，为他们今后的学习和成长打下良好的基础。

1. 关注个体差异，满足不同需求

每个人在学习过程中都有其独特的方式和方法，教师通过观察和了解、关注和尊重幼儿的个体差异，灵活调整教学策略和方法，以满足不同幼儿的学习需求。这样的教学方式能够更好地促进幼儿的发展，并丰富他们的学习成果。

生 1：选了一张《汤》的图片，来到图书区后，开始来回寻找相关书籍，找到后把书放置在桌子上，一本一本地数，随后在纸片上画了 2 个圈圈。在寻找双面胶进行操作时遇到困难，双面胶无法撕开，便请老师帮忙，老师递给她一把安全剪刀。

生 2：拿着一张《南瓜汤》的图片，在图书区徘徊寻找，没找到相应书籍。之后便在幼儿阅览室里漫无目的地来回走动，好像忘了自己要干什么。

生 3：拿着《猜猜我有多爱你》的图片，直接将其贴在统计表上，然后从书堆里找到这本书，做了 1—2 条记录后，将纸张贴在了《花木兰》图片的后面，原因是《猜猜我有多爱你》后面已经贴了其他幼儿的统计纸。

生 4：找了一摞厚厚的《小鲸鱼》，左手将一本书放在一旁，右手每拿一本书便在纸上画一个圈，如此重复操作，最后把书整齐地放回书堆。

教师针对不同幼儿的表现做了简略的记录，而不是以一种笼统的方式对全班幼儿的表现进行记录。个体化的观察记录可以帮助教师了解不同幼儿在用书习惯、点数能力等方面的不同表现，同时为后续图书区活动的开展做出差异化的活动预设，以鼓励幼儿养成良好的阅读习惯，发展相关的能力。

2. 情感指导，鼓励独立解决

在活动中，教师的情感指导和激励对于幼儿的成长至关重要。通过鼓励幼儿独立思考和解决问题，教师能够培养幼儿坚韧不拔、富有创造力和自信心的品质。在此过程中，幼儿会逐渐意识到：在面对困难时，他们有能力克服障碍并取得成功。这种自主解决问题的能力将会伴随他们一生，使他们成为能够独立思考和应对各种挑战的人。

以幼儿童童为例，他选了一张图片并且找到了对应的书，铺在地上完成统计后，将书留在了原地。童童把图片后面的双面胶撕掉放在统一的盘子里，继而发现记录纸后面没有双面胶，再到一旁用安全剪刀剪了一段贴上，然后再次回到统计表前面，他发现自己的图片后面被别人贴上了统计纸。童童沮丧地停下了动作。他思考了一会儿，向老师咨询："吴老师，我没有地方贴了，好像有人贴错了啊。"老师回答："你真是善于动脑筋。你说得没错，有人贴错了，你有什么方法解决吗？"童童想了一会儿，他把自己统计的书目图片取下来放在下面一格，然后把手里的这本书的记录纸贴在与它同一层面的地方。他转过头看了看老师，老师向他竖起了大拇指。在得到肯定后，童童更加主动地继续进行统计了。

在幼儿发现自己可能贴错统计纸张时先表现出了沮丧的情绪，教师并没有立即干预。但在幼儿思考并明白"是他人而非自己贴错统计贴纸"，继而调整策略继续统计书本时，教师的鼓励让幼儿能够快速调整心情，专注于后续的活动。

3. 树立榜样示范，促进幼儿合作

在公共区域活动中，同伴的榜样示范是一种能够促进幼儿合作的有效方法。由于公共区域活动具有自由、自主的特点，因此教师应尽量为幼儿预留出供幼儿自主发现、探索并改进的空间。以同伴为榜样，通过榜样示范的指导方式引导幼儿在公共区域活动中的行为，不但有助于幼儿感受自主、自由的活动氛围，还能够减少教师对活动的干扰，激发幼儿的积极性，让幼儿在合作、模仿中学习互相帮助。

老师允许两个人共取一本书、一支笔、一张纸完成记录任务。在这个过程中，大部分孩子选择和好朋友一起进行统计记录，个别孩子依然独来独往，因此老师有意识地让个别孩子与同伴组合。

陈和张就是老师组建的一个团队，陈是幼儿阅览室中的"小能手"，而张则经常在幼儿阅览室中独自活动。两人一同找到书本后，陈觉得书太重，提议一起抬，张点头同意，于是两个人合作把多本《生气汤》搬到了桌面上。陈取来纸笔，数了一下，一共有5本，然后在纸上画了5个圆圈，继而将纸贴到统计表上。张跟着来到统计表前，看着陈完成了余下的工作，整个过程都没有离开。接下来，张按照陈的方式一起进行了书本数量的统计工作，与其他幼儿的交流也变多了。最后，老师向他们发了奖励贴纸，表扬他们友好合作，完成任务。

在这次的活动过程中，教师没有为幼儿提供直接的引导，但幼儿由于和"能干的"同伴在一起，因而学习到了书本统计的方法，也增进了与同伴的交流。在有机会让幼儿模仿同伴良好行为的公共区域活动中，教师可以优先考虑这一指导方式。

4. 交叉式指导，培养学习态度

在活动中，教师可以通过交叉式指导有效引导幼儿的行为，培养他们良好的学习态度。教师通过提问和案例讲解的方式，引导幼儿思考他们在统计和记录数字时可能出现的错误。幼儿通过积极参与讨论，提出自己的观点和解决方法，借此认识自我检查的重要性，并用这种方法来提高统计和记录的准确性。

师：孩子们，你们现在统计的速度越来越快，你们有没有数错或记错过？

生：没有。

师：如果老师想知道你们有没有数错或者有没有记错，老师可以怎么做？

生 1：老师可以自己数一遍，再看看我们数得或记得对不对。

师：这是一个很好的方法。为了让我们的统计和记录更准确，你们可以用这种方法进行检查吗？

生 2：我就是自己记好之后再数一遍，看看记得对不对的。

师：你们能这样认真做事真好，我把任务交给你们很放心。

活动中，杨连续点数，得出《鸟窝》共有 13 本，然后在纸上画了 13 个圆圈，插好笔套。杨再一次连续点数，得出《鸟窝》共有 14 本，然后数自己的圆圈，共有 13 个，继而她又在纸上补画了一个圆圈。最后，杨把图书整理好归位。类似的操作现象还有很多，老师用拍视频的方式进行记录，稍后让幼儿一起观看分享。幼儿通过审议，结合参观的经验，提出了统计的策略。多次操作之后，图片逐渐减少，直至没有，统计任务也就结束了。

在幼儿阅览室这一公共区域中，通过关注个体差异、情感指导、平行式指导和交叉式指导等适宜的指导方式，教师能够满足幼儿的不同学习需求，培养他们良好的学习习惯，促使他们端正学习态度。同时，幼儿在这里也得到了合作和思考问题能力的培养，学会了互相帮助和独立解决问题，并在任务中展现出了自己的创造力和自信心。他们通过参与统计和记录的活动，逐渐意识到自我检查的重要性，并用这种方法提高计数的准确性。在幼儿阅览室，教师为幼儿的个人发展奠定良好的基础，帮助他们达成学习目标，同时培养他们良好的合作意识和学习习惯。这些宝贵的经验将伴随幼儿今后的学习和成长，让他们成为能独立思考和应对各种挑战的人。

（四）利用建构长廊互动，提高幼儿的社会技能

社会技能是幼儿成长过程中至关重要的一项能力。通过与不同年龄段、同班和同龄的幼儿进行交往，幼儿可以发展出良好的沟通能力、合作技能和交往技巧。在长廊的建构游戏中，混龄、同龄和同班三种不同的活动组织形式被充分应用，以帮助幼儿提高社会技能。

1. 跨龄交往，发展幼儿的沟通技能

建构游戏是幼儿发展沟通技能的绝佳机会之一。在游戏中，幼儿打破年龄和空间的限制，自愿组合，积极交流与互动，倾听并理解彼此，参与游戏活动，在相互观察、模仿、支持和互动中，提升自身的社会技能。

辰辰是一名思维活跃且建构技能较强的大班幼儿。今天的长廊建构游戏有一些中班幼儿参与。辰辰自称队长，希望其他幼儿听从他的指挥。然而，有几个幼儿不同意，与辰辰发生了争论。辰辰很生气，因为他的小伙伴们不想与他合作搭建。当辰辰发现这个情况后开始哭泣。

中班的小弟弟小米看到后上前安慰他："哥哥，别哭了！我们是一个团体，大家要互相商量和讨论。""是的！我们应该一起搭，不要只让别人动手。"辰辰听到这些话觉得有道理，于是和小弟弟、小妹妹一起制定了游戏规则。

游戏开始后，辰辰非常主动地搬积木，并指导小弟弟、小妹妹一起搭建。在搭建的过程中，他们一次又一次遇到新的问题，但通过沟通和协商，成功解决了这些问题。

在自发形成跨龄活动团体的过程中，幼儿有了更大的自由，能够在与"陌生人"合作的过程中练习使用多样化的社会交往策略。

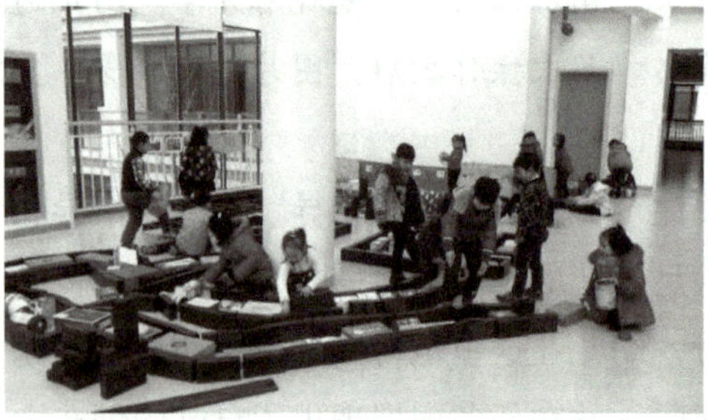

混龄建构活动（一）

混龄建构活动（二）

在上述跨龄的建构活动中，辰辰在群体中因"独断"而被拒绝，低年龄段的幼儿小米则能够用恰当的语言安慰比自己年龄大的幼儿。在这个过程中，辰辰加入了混龄群体，在群体的转换中意识到自己行为的欠妥之处，并在后续的活动过程中主动帮助同伴。

2. 同龄交流，提升幼儿交往技能

在建构游戏中，同龄幼儿互相观察、模仿学习，并相互鼓励和增强自信心，这一系列行为都促进了他们社交能力的发展。

甜甜和汐汐是两个年龄相仿的中班幼儿。有一次，他们在长廊的建构区使用小

棒进行搭建。甜甜尝试搭建较高的结构，但结果并不理想，最后搭建物甚至倒塌了。然而，甜甜并没有放弃，她重新尝试搭建，这一次她垒得比较高，并且使用了十字交叉的方法进行搭建。这一行为显示出她的自我调整和建构能力。坐在对面的汐汐一开始在观察甜甜的同时自己也进行了搭建，但后来慢慢地只是观察而不再搭建。从这里可以看出，汐汐也想尝试。甜甜对汐汐说："汐汐，你也试着搭一搭。"在得到鼓励后，汐汐开始尝试搭建。她采用一层一种颜色的方式进行搭建。老师问汐汐："你的作品和甜甜的有什么不同呢？"汐汐思考了很久后回答："我是按照颜色搭建的，而甜甜是交叉叠加搭建的。"

相比跨龄群体，同龄群体中的幼儿个体发展水平更为相似，也有着相接近的最近发展区。因此，同年龄段的群体活动为幼儿提供了较为直接的活动参照：幼儿在遇到困难时能够模仿、询问周围的同伴，从而加深自己对活动相关内容的理解。甜甜和汐汐在相互问答、观察的过程中对自己和他人的作品有了一定的认识，提高了自身的交往技能和理解能力。

3. 同伴互助，提高幼儿合作技能

同伴交往是一种与班级中的同伴互动的方式，能够提高幼儿的合作技能。通过与同伴互相帮助和交往，幼儿能够倾听他人的观点，形成团队凝聚力，从而促进深度学习。

在长廊的建构游戏中，西西、灏灏和一诺3个小朋友想要搭建一条城市马路。然而，西西和灏灏两个人只是拿起小积木在一旁摆放，而没有参与搭建。一诺注意到这一情况后，走过去喊他们并问道："你们为什么不和我一起搭建马路呢？你们在搭建什么呢？"两个男孩仍自顾自地玩耍，一诺感到非常无奈："老师，他们都不愿意合作！"老师把3个小朋友喊到一起，引导他们："如果我们不知道怎样搭建马路，应该怎么办呢？"大家摇摇头，老师继续建议道："你们可以先观察一下图片中城市马路的样貌。""对了，我们可以先计划一下，画个设计图。"于是，3个小朋友先绘制了一幅"城市马路"的图纸，然后共同构思作品的基本形象和所需材料，并分配搭建任务。最终，在同伴的合作和帮助下，他们成功搭建出一条弯弯曲曲的马路，还有一座神奇的高架桥……

这一活动在之后继续进行着，幼儿在从构思主题"城市马路"到发现问题、解决问题的多次尝试中进行了深度学习，3个幼儿也成了关系更好的朋友。

通过跨龄、同龄和同班的交往方式，幼儿在建构游戏中培养了沟通能力、交往技巧和合作技能，提升了交往能力，建立了自信心。西西、灏灏和一诺在构思和搭建"城市马路"的过程中通过合作和互助，提高了合作技能和解决问题的能力。

由此可见，同伴之间的交往不但能增强幼儿之间的社交联结、拓展社交圈子，还能够提高幼儿的沟通能力、合作技能，成为培养幼儿社会技能的重要手段。

（五）利用户外沙水主题活动，提升幼儿协作和解决问题的能力

陈鹤琴先生曾说过："大自然、大社会都是活教材。"大自然是幼儿赖以成长的依托，沙水是接近自然环境的户外游戏材料，沙水活动是幼儿比较感兴趣的户外活动。为了支持幼儿的兴趣，教师以主题活动"我的家乡"为背景，在及时的指导下，让幼儿在挖河道的过程中充分探索和发现。这样的活动培养了幼儿的动手能力和观察力，同时也促进了他们解决问题能力的发展。

1. 及时观察与讨论，认识问题

教师通过及时观察与讨论来帮助幼儿探索和解决问题。在幼儿挖河道的过程中，教师通过观察幼儿的表现，了解幼儿的困难，从而引导他们回到班级进行讨论，幼儿通过观察和分享，能够认识到他们所面临的挑战和需要解决的问题。

在"我的家乡"主题活动中，孩子们对家乡弯弯曲曲的河道产生了很大的兴趣，在一次户外的玩沙水活动中，班里的几个小男孩主动提议挖河道。孩子们在材料柜选好自己的工具之后，就开始挖河道了。有的小朋友各自挖着河道，一会儿沙池就被挖得坑坑洼洼的，出现了一个一个的坑。显然，第一次挖河道行动以失败告终。虽然没有成功，但孩子们回到班级就把今天挖河道的初体验记录在了游戏故事本上。原来在沙池里挖河道也不是一件容易的事。

沙水具有良好的可塑性，是非常适合进行科学探究的。教师可以利用这一特点鼓励幼儿观察周围的地形，并用沙水进行地形塑造。在"我的家乡"主题活动中，幼儿通过初探"挖河道"发现简单的"挖沙"并不能解决问题，这为幼儿与教师一起开展后续的探索活动奠定了基础。

2. 及时鼓励，启发思考

在活动过程中，教师应鼓励并为幼儿提供具有启发性的问题，促使幼儿思考并找出解决问题的方法。在"挖河道"的过程中，幼儿就解决"怎么才能知道往哪里挖"和"在沙地上用什么工具画画"展开了讨论。

孩子们又一次来到了沙池。第一次挖河道没有成功，为什么呢？大家一起思考并总结了在挖河道过程中遇到的困难和问题。

金奕说："挖了很久，沙池里都是一个一个的大坑，没有变成河道。"

涵涵说："看了设计图，我还是不知道从哪里开始挖？"

瑶瑶说："我挖着挖着不知道往哪里挖了。"

到底应该从哪里开始挖呢？怎样才能按设计图把河道顺利地挖好呢？大家又进行了一次集体讨论。

馨馨说："沙池里都没有设计图上的形状，所以我挖不好河道。"

宸宸说："我知道啦！那我们可以在沙池里照着设计图把河道画下来。"

这个主意得到了很多小朋友的赞同。可是，在沙池里用什么画呢？在沙池里画设计图，孩子们还是第一次尝试。

皓皓好奇地问："可以用粗的笔吗？"

一一连忙说道："我有个好主意——我们可以用树枝！"

乐乐激动地说："我也想到了，还可以用雪糕棒！"

金奕说："也可以用我们挖沙的铲子。"接着，他就用自己的小铲子展示了一下。

到底哪种工具最适合在沙池里画设计图呢？他决定把想到的工具都尝试一遍，选择最适合的。经过尝试，他们得出了这样的结论：粗笔、树枝、雪糕棒虽然都可以画，但是画的时候很费力，而且画得不清楚。用铲子的侧面画，画起来不费力，而且画得很清楚。所以，他们最后决定用金奕的办法，用身边的小铲子来画。

教师引导幼儿思考从哪里开始挖河道、用什么工具画设计图等。这样的问题能够激发幼儿的思维能力和创造力，培养他们解决问题的能力。除此之外，教师还鼓励幼儿尝试运用不同的方法和工具，并实践自己的想法。教师通过鼓励幼儿的探索精神，培养他们的实践能力和解决问题的能力。

3. 适时引导，分工合作

在团队活动中，分工合作是十分重要的。教师引导幼儿讨论如何合理分工，并根据每个幼儿的能力和兴趣分配任务。

在第一次挖河道的过程中，出现了很多问题，回到班级之后，大家进行了一次激烈的讨论。

倪倪说："挖河道需要很大的力气呢！我挖不动怎么办？"

涵涵说："大铲子我拿不动，小铲子挖起来太慢了。"

一一说："我明明用了很大的力气去挖，我的铲子也很大，为什么我挖的河道不深呢？"

萱萱说："我挖的河道也很浅，就像一条小沟。"

老师说："有的小朋友力气大，有的小朋友力气小，所以在挖河道的时候我们该怎么分配自己的任务呢？怎么合作才能挖得又快又好呢？"

宸宸说："我觉得力气大的小朋友可以用大铲子先在前面挖，力气小的小朋友可以在后面用小铲子把河道修一修。"

“那在后面的小朋友修河道，可以做哪些事情呢？”老师继续提问。

乐乐说：“可以在后面把河道里没有挖掉的沙子铲干净。”

洋洋说：“还可以在后面把河道拍平，让河道的形状更好看。”

楠楠轻轻地说：“还可以把河道窄的地方改进一下，挖宽一点。”

大家提出了很多的好方法，所以在接下来挖河道的时候他们都根据自己力气的大小换成了适合自己的铲子，选择了适合自己的任务。

在讨论过程中，幼儿自发地商量出了“分工”这一办法，由此学习到了合作中的具体方式。通过团队合作，幼儿能够充分发挥自己的优势，同时学会互相协作，培养团队合作的精神。

4. 专业指导，提高技能

教师引入专业技术资源，让幼儿向专业人员请教，并学习挖河道的技巧。通过向专业人士请教，幼儿获得了更专业的指导和技巧，进一步提升了自身的能力。

孩子们对于怎么把河道挖深充满了好奇，可是多次尝试都未能达到理想的效果，还有什么办法呢？正在大家发愁的时候，乐乐提议道：“我们去找幼儿园的戴爷爷来帮忙吧！他什么都会。”“对呀！我们去找戴爷爷来教我们挖河道。”其他孩子开心地说。孩子们请来了热心的戴爷爷，把挖河道遇到的困惑告诉了他，戴爷爷笑嘻嘻地开始给孩子们讲解挖河道的方法，还给孩子们进行示范，耐心地一步步传授挖河道的技巧，孩子们学得格外认真！原来挖河道的时候，把铲子用力往沙子里一插，再用脚踩一下铲子，这样就能把河道挖深啦！孩子们在沙池里练习着这项新的技能。有了戴爷爷的指导，孩子们挖河道的进度又加快了许多。孩子们越挖越熟练，把河道挖得更深、更宽了。经过几周的不懈努力，河道终于挖好了。

在堆沙、挖河道的探索中，在教师适宜的指导下，幼儿学会了分工合作，学会了挖河道的技巧。通过观察与指导策略，教师引导幼儿积极参与协作活动，鼓励他们思考问题、挑战困难，促进幼儿的主动参与和解决问题能力的发展。适宜的指导能够帮助幼儿提升协作和解决问题的能力。

观察与指导策略在幼儿园公共区域活动中具有重要作用，能够帮助教师了解幼儿的个体差异和发展机会，促进幼儿之间的互动与合作，并为评估活动效果和幼儿的学习成果提供有力支持。在实施这些策略的过程中，教师需要充分发挥自己的专业能力和创造力，创设适合幼儿发展的环境，为幼儿提供丰富的学习机会，并通过观察、评估和适时的指导，引导幼儿积极参与、主动探索和合作互助，从而促进他们的身心全面发展。相信通过教师与幼儿的共同努力，幼儿园公共区域的活动将成为幼儿快乐学习和成长的场所。

第三节 幼儿园公共区域活动的评价

一、评价的类别

（一）动态化评价

幼儿园公共区域活动动态化评价，是指对幼儿在公共区域活动中的表现和发展进行实时、动态的观察和评估。动态化的评估更好地反映了幼儿发展的实际状态和趋势，有助于及时调整教师的支持策略并为幼儿提供个性化的支持。公共区域活动应遵循动态化评价的原则，对幼儿的持续发展进行综合评估。动态化评价主要包括以下三点。

1. 即时性评价

即时性评价要求教师实时记录幼儿的游戏状态，真实评估幼儿的发展水平。即时性评价能保证评价的时效性和客观性，并及时地反馈幼儿当前的游戏水平。例如，在思贤幼儿园的科技长廊中，每块游戏区域都配备了记录单，幼儿在区域游戏时，会将自己的猜想、发现及材料的使用都呈现在记录表中，教师就可依据记录单即时评估出幼儿的真实能力水平。这样的记录单评价方式就具有即时性。

2. 持续性评价

公共区域活动动态化评价是一个长期、连续的过程，而非一次性的评价。它要求教育者对幼儿在不同区域的活动进行长期的观察与记录。例如，在思贤幼儿园教师的连续性观察记录表中，记录着幼儿在某一阶段、某一区域活动中的表现、参与程度、互动情况及创意发展等。教师根据阶段性的观察记录表，能够评估幼儿在本阶段中的游戏水平，分析幼儿的优势与不足，对区域活动内容和材料做出及时调整与完善。

3. 全面性评价

动态化评价不单单关注幼儿在某一方面的能力，如语言能力或社会交往能力，还包括对幼儿在各个区域活动中展现出来的各方面能力和行为进行多角度观察和记录，尽可能全面地评估幼儿的发展水平。例如，创意美术室的工作记录单并不能全面地反映出幼儿的游戏水平，而只能呈现幼儿在艺术领域的当前发展水平，同时也不能直接体现幼儿在其他领域的发展水平。

（二）情境化评价

情境化评价是加德纳依据多元智能理论所提出的教学评价模式，是对幼儿在情境化教学中的表现进行评价的方法。与传统的唯知识记忆和单一答案的评价方法不同，情境化评价注重学习者在现实情境中的应用能力和解决问题的能力。在公共区域活动的游戏情境中，教师可以对幼儿的思维能力、创造能力、合作能力等多元能力进行综合评价。同时，教师也能了解到活动中有哪些地方还需要提升，及时调整和改进区域的空间环境、材料投放、活动组织方式等，有效提升幼儿游戏质量和发展水平。情境化评价的特点有以下几个方面。

1. 与幼儿的生活相结合

《幼儿园教育指导纲要（试行）》中强调了评价要关注幼儿在实际生活中的感受和体验，并指出平时观察所获得的具有典型意义的幼儿行为表现和所积累的各种作品等是评价的重要依据，评价要在日常活动与教育教学过程中采用自然的方法进行。情境化评价依赖幼儿在真实情境中的行为和表现，而非依赖抽象的测试或问卷调查。这使得评价更加客观和真实，能够更准确地反映幼儿的实际能力和发展水平，因而评价的信度也更高。

以思贤幼儿园的小镇长廊为例，小镇长廊是在主题活动“我的家乡”开展时师幼共同创设的一条体验式长廊，其中开设了以地方特色资源为主的旗袍馆、锡器馆、剪纸馆、美食馆等区域。在小镇长廊开展的大班“秋日集市”活动中，幼儿自主规划商铺位置，自主分类摆放商品，决定游戏角色分工，开展集市游戏。教师采用非参与式观察法，尽量不介入幼儿的活动，积极捕捉有意义的评价信息，并在活动记录表上做好记录。活动结束后，教师依据现场观察记录和活动录像对幼儿在游戏活动中的行为表现和影响因素进行全面评价。之后，教师将评价结果记入活动记录表中，并针对发现的问题提出相应教育教学的改进措施。幼儿在氛围轻松、自由的自然游戏情境中，表现出真实的行为并迁移生活中的已有经验来解决游戏中的问题。基于真实游戏情境开展的评价，客观地反映幼儿的发展水平，教师也能更有针对性地搭建幼儿主动学习的有效支架。

2. 关注幼儿问题解决的过程

不同于以往重知识结果轻能力、重认知轻品格、重再现轻创造的评价模式，情境化评价的突出特点就是在游戏情境中多维度评价幼儿的多元学习能力。评价者不仅能够关注到在特定的游戏情境中，幼儿在问题解决时所表现出的思维推理、创造的动态过程，还能关注到幼儿在问题解决过程中体现出的积极态度、专注度和努力程度等学习品质。

例如，小镇长廊中的点心铺面临“客人太少，生意不好”的问题，扮演“营业员”和“老板”的幼儿在小组协商中想到了招揽生意的办法，如多买多送、免费品尝、每周二特卖会等。幼儿能够将生活中学到的知识运用到实际游戏情境中解决问题，使公共区域活动有了更多的自我主张、自我创意和自然节奏，也使幼儿在公共区域活动中再现生活，通过公共活动区域中的行动走近生活、解决实际问题，提升社会适应能力。

3. 与教育的过程相统一

情境评价是教师设置教育内容的基础，既是布置学习环境的前提，也是教师提供“支架”的依据。也就是说，评价活动是教学不可或缺的一部分，评价过程应与教育过程相统一。集市游戏的评价活动本身也蕴含着教学的意味，教师在活动中说明活动要求、提供材料超市、营造自由的游戏分享氛围，让幼儿能够在更多人的帮助下，激发自己的潜能，独立完成挑战。因此，情境化评价更注重发掘幼儿的最近发展区，让幼儿在合作互动的过程中实现潜能的增长。

（三）多元化评价

1. 评价者多元化

《幼儿园教育指导纲要（试行）》明确指出：管理人员、教师、幼儿及家长均是幼儿园教育评价工作的参与者。可见，评价不仅仅是教师的工作，儿童、家长甚至其他教育参与者也可以被鼓励参与进来，从而形成教育合力。思贤幼儿园将评价渗透于多种形式的公共区域活动中，多元的评价主体通过多元的评价方式对幼儿的游戏及发展进行跟踪式评价，把握幼儿的兴趣、经验及生长点，切实关注个体差异，并以此为依据支持幼儿的后续学习。

（1）幼儿自己

幼儿自身不应只是被动的评价对象，也应是主动的评价反馈者。幼儿的自我评价是回顾自我经验和还原自我认知的解构过程，具有真实性与情境性。对公共区域游戏的评价应秉持“幼儿自评在前，教师评价在后”的原则。“游戏故事”评价，是儿童基于自我视角自评的一种质性评价方式。思贤幼儿园的每个孩子都拥有一个属于自己的游戏故事本，每个学期都积累了非常多的典型案例。幼儿通过自主涂鸦的方式记录游戏的过程、遇到的难题、游戏中的新发现、下一步的游戏计划等内容。在游戏分享环节，游戏故事本成为游戏评价的有力支撑，幼儿结合自身游戏体验和表现记录，分享游戏中的所思所学，其语言表达能力和逻辑思维能力得到巩固与提升。

（2）游戏同伴

同伴的评价对幼儿的成长是至关重要的。在公共区域活动的游戏分享环节，幼儿自由讲述游戏中的发现或遇到的问题，在同伴的游戏行为中总能找到可借鉴的解决办法。让同伴互评，不仅能有效地促进幼儿的学习，更能发挥同伴之间榜样示范的作用。幼儿之间的对话、互动，看似十分寻常，在游戏中很微小的话语、行为，却是幼儿自我净化、自我完善、自我革新、自我提高的关键事件，也为幼儿在日常互动中的成长搭建了阶梯。

（3）教师

幼儿是依赖成人对自己的评价而逐渐形成自我评价的，正是成人对他们的评价，让他们获得了肯定与否定的经验积累。在公共区域活动中，教师的观察成为主要的评价手段。教师可以通过拍摄幼儿游戏的精彩瞬间，实时记录幼儿的游戏轨迹和游戏进程，在评价时回看照片和视频，对游戏情节、幼儿操作等情况进行分析和反思，以此来判断游戏开展的合理性和有效性。另外，教师可以收集幼儿的作品进行分析与评价，在搜集作品时要注意选择的幼儿作品要有代表性、有时间跨度，类型还要丰富多样。从不同时期具有代表性的作品中，可以看出幼儿的发展状况，了解幼儿的进步情况和不足之处。基于此，教师对幼儿游戏的推进、环境的设置给予相应支持，不断提高自身的观察分析、评价反思的专业能力。

（4）家长

家长是幼儿的第一任老师，也是幼儿游戏的重要参与者、支持者和评价者。家长可以在幼儿园教师的帮助下使用游戏评价表单进行观察和记录，通过表单来了解幼儿的游戏行为及学习品质的发展情况。另外，家长可以通过成长档案册来了解幼儿的游戏经历。成长档案册由教师、家长、幼儿三方参与，能对幼儿进行个性化、跟踪式的评价。档案册内涵盖了儿童作品集、主题课程核心经验、游戏故事、幼儿逸事记录……家长和幼儿共同回顾手册内容，根据呈现的幼儿学习策略、学习动机、社会性参与、儿童的声音等进行评价和反思，在评价的过程中了解幼儿的心理状态与内在需要，为促进幼儿多元能力的发展提供建设性意见。

（5）客人老师

公共区域的活动环境能够直观反映游戏中各要素之间的联系。客人老师在观摩公共区域各活动功能室的空间布局及材料投放情况时，即可评价环境创设能否体现功能特点、是否有助于幼儿在某一领域的活动和发展。另外，思贤幼儿园的教师将游戏的开展思路、游戏内容、幼儿的体验和收获等内容进行梳理，并通过课程展板的形式保留幼儿的学习轨迹。在参观交流中，客人老师通过观摩幼儿的学习轨迹可以更直观地了解和把握公共区域活动的组织和开展过程，对教师的指导行为进行有依据的评价，进一步提高公共区域活动开展的质量，从而真正实现“教育评价是各方共同参与、相互支持与合作的过程”这一目标。

2. 被评价内容多元化

公共区域活动的主体是幼儿，环境是否适宜、材料是否有效利用、活动开展是否自主都是通过幼儿的表现和发展状况体现出来的。根据实践中的探索，教师把评价内容归纳为以下三个方面。

（1）指向幼儿的兴趣和参与度的评价

兴趣展现幼儿探索的欲望，是幼儿游戏水平发展的前提。在一个环境适宜、材料丰富的公共区域，好奇心和探索欲会促使幼儿积极投入游戏之中。但是，由于每个幼儿的性格、兴趣、习惯的不同，幼儿在活动中所表现出来的游戏行为就有着很大的差异。有些幼儿高度专注，全身心投入活动之中，对游戏内容、材料充满了兴趣，积极主动探究和发现。有些幼儿则无所事事，游离于活动本身，在区域中打闹嬉戏，处于“不参与”的状态。针对幼儿的游戏状态，教师要深入分析幼儿行为背后的原因，是现有的材料不能够支持游戏的开展，抑或游戏内容不具有挑战性，幼儿的发展水平已超出区域预设的目标。在实践过程中，可能会有很多种情况，这就需要教师通过细致的观察和有针对性的评价，找到幼儿发展水平与预设目标之间的差距，引导幼儿向更高的游戏水平发展。

（2）针对幼儿的社会交往能力的评价

通过观察，教师发现幼儿在社会交往和个性品质方面存在种种差异。社会性发展良好的幼儿总是能快速交到朋友，一起讨论游戏玩法，还会进行分工合作。他们时常担任游戏中“领导者”的角色，总是处于主动地位，愿意指挥别人，想办法帮助同伴。而有些幼儿则是“跟随者”，默默听从别人的安排。当然，也有些幼儿的社会交往技能有所欠缺，不断地和别人发生冲突。可以看到，即便是同一年龄段的幼儿，他们的社会性发展水平也有着巨大的差异。在学前期，培养幼儿社会交往能力及良好的个性品质对其一生的发展都有着重要意义，而公共区域活动恰好提供了自由交往的空间，让幼儿的个性得以展现。教师要特别关注幼儿在游戏中的社会性发展情况，在评价环节给予恰当的引导，支持幼儿富有个性地发展。

（3）结合幼儿遵守规则情况评价

规则是对人们行为的规范，是协调人们之间关系和行为冲突的社会标准。幼儿对社会规则的接受与内化是幼儿社会性发展的重要标志。这里所说的规则是指公共区域活动的游戏规则，它是保证公共区域活动正常开展的必要条件。一般来说，幼儿的规则意识和遵守规则的能力随着年龄段的增长而不断提高。评价幼儿执行规则的能力须考虑以下几个方面：一是幼儿对本公共区域活动规则的认知；二是幼儿在游戏中是否遵守规则；三是幼儿违反规则后能否改正错误行为；四是幼儿对待同伴违规行为的态度。教师还可以在一日生活中渗透规则的重要意义，让幼儿切身体会到规则带来的便利，帮助幼儿逐步感知、建立和内化公共区域活动的规则。

二、评价的策略

幼儿园公共区域活动反思与评价能使教师更全面地了解公共区域活动的状况，了解幼儿个体的发展、不同幼儿多元的发展。教师基于幼儿在公共区域活动中的表现进行及时反馈与评估，注重对幼儿的学习动机、学习品质、学习过程及学习成果进行全面的评价，根据幼儿所表现出来的优势与弱势，及时调整区域、材料及目标，识别其智能强项。因此，教师倡导灵活把握不同公共区域情境下的评价方式，从不同评价主体——教师、幼儿、家长等的角度全面分析与调整，使公共区域活动真正有效地促进幼儿的发展，让教育评估更真实、更鲜活、更有温度。

（一）“动静结合”策略：兼顾区域与班级

公共区域活动中教师扮演着重要的角色，教师的行为、意识直接关系到幼儿经验的获得与有效发展，教师扎实的教育评价能力是过程性评价得以实现的前提。

公共区域活动评价的教师主体有两类：一类是固定在公共区域内的教师，另一类是跟随班级的教师。不同场域的教师各司其职，但都要在对幼儿进行连续观察的基础上，对公共区域的设置、空间结构的规划、区域目标的设定和对幼儿的指导等方面进行反思与自评。

1. 固定在公共区域内的教师

公共区域环境的好坏直接关系到幼儿发展的实效性。固定在公共区域内的教师以儿童的视角，基于不同个性、不同年龄儿童活动需要的弹性思维，结合公共区域特性和园本课程内容细化区域选择和空间安排，一方面确保区域设置的全面性，使不同年龄段的幼儿在其中选择自己喜欢的活动内容、活动材料，凸显幼儿个性化的学习方式；另一方面有意识地将该区域促进幼儿发展的各种关键经验物化为区域活动材料与活动情境。①

各个区域使用频率的高低是了解公共区域设置是否符合幼儿兴趣的重要依据，固定在该区域的教师初步创设好公共区域环境后，可以为该区域设计记录单，由跟随班级的教师在每次活动后进行填写，并详细记录进入该区域的幼儿

① 秦元东，王春燕．幼儿园区域活动新论：一种生态学的视角［M］．北京：北京师范大学出版社，2008.

人数、次数及活动材料使用情况等，每周一汇总，以了解公共区域活动对幼儿的适宜性。

例如，思贤木工坊由固定在公共区域内的教师创设工具区、材料区、操作区、装饰区和作品展示区5个区域。在工具区投放木工工具和各类防护用具；在材料区投放不同种类、不同材质、不同形状的木头；操作区分为大型作品操作区和小型作品操作区，其中，大型作品操作区提供圆桌，供幼儿合作完成，小型作品操作区提供长桌，满足幼儿个人探索需要；在装饰区投放装饰材料和丰富的自然资源。固定在该区域的教师发现记录单中选择大型作品操作区的幼儿人数较少且工具损坏严重，于是向跟随班级的教师反馈，由教师组织幼儿进行谈话活动，从而解决了木头材质过硬导致作品无法完成的问题，并调整了各区域的大小和规模。

工具区

大型作品操作区

2. 跟随班级的教师

幼儿既是公共区域活动的主人，也是公共区域活动成效落实的主体。评价幼儿在公共区域活动中的状况，需要跟随班级的教师立足班级幼儿个体差异，考虑区域目标对幼儿发展的适宜性，考虑不同层次目标对幼儿发展的挑战性，用心观察、科学解读幼儿行为并提供有效支持。评价幼儿是否对公共区域活动感兴趣，主要观察幼儿在区域活动中的参与情况、幼儿经常选择哪些活动材料、对活动是否充满热情，以及在区域活动中持续时间的长短；评价幼儿的社会交往能力，主要观察幼儿玩的是平行游戏还是合作游戏、在合作时是领导者还是服从者、在活动中能否与同伴轮流分享、是否会与同伴发生冲突、采用什么方式解决等；评价幼儿的认知发展水平，可以通过观察幼儿操作材料的程度和操作方式，如操作的材料是单一还是复合，操作过程是否富有创造、善于变通，等等。

总之，跟随班级的教师要注重整合《3—6岁儿童学习与发展指南》《幼儿园教育指导纲要（试行）》和《幼儿园领域教育经验——关键经验与活动指导》丛书中五大领域（健康、语言、社会、科学、艺术）发展目标，结合活动目标和具体活动内容进行有针对性的评价，把握好“变”与“不变”的度。

（二）“评价指标”策略：构建公共区域活动中的幼儿发展评估体系

公共区域活动中被评价的内容是多元化的，包括幼儿兴趣、幼儿参与度、幼儿社会性发展、幼儿规则意识等；在不同情境中可采取的评价方式也各有不同，需要灵活把握，采取个案观察、逸事记录、档案袋评价、作品分析等方式进行。发展评价的最终目标是促进幼儿发展，最重要的手段就是整体提高师资水平，实施公共区域活动评价的目的之一便是要协助教师科学利用评价的结果，这既是师幼共同成长的过程，也是提升教育教学质量的过程。[①] 因此，教师对幼儿在公共区域活动中的表现进行评价需要以相关评价指标作为有力抓手。

1. 幼儿社会性发展评估体系：明确社会性发展评估的重点

幼儿园公共区域因其活动的开放性、自由性，是促使幼儿社会性发展的重要场所。在借助公共区域活动对幼儿发展进行评估的过程中，思贤幼儿园尤为重视对幼儿的社会性发展进行评估。

思贤幼儿园立足实际情况，由园内课题组成员和骨干教师做必要的顶层设计，通过整体规划，建立“幼儿园公共区域活动中的幼儿社会性发展目标”体系，从社会认知、社会技能、社会适应、社会情绪、道德品质五个板块拟定从小班到大班三个学年、不同年龄段幼儿社会性发展的评估重点；在明晰社会性发展评估重点后，将评估重点按内容维度进行划分，汇集成册，为教师提供幼儿公共区域活动的日常分析依据。

2. 幼儿作品分析与评价表：综合评估五大领域发展水平

幼儿在不同公共区域活动中会产生多种形式的个人作品，包括绘画、手工、泥工、建构、表演等，作品中承载着幼儿发展的信息，教师应当关注个体阶段发展、持续发展，随时随机地对幼儿的作品进行观察与发展描述，了解幼儿在不同领域的表现、表达水平。通过阅读图书《作品取样系统》，思贤幼儿园的教师结合《3—6 岁儿童学习与发展指南》制定小、中、大年龄段发展检核表，将其作为评价依据之一，使幼儿行为与核心目标联系起来，但不局限于核心目标所涉及的领域。教师考虑五大领域的融合，从年龄特点、儿童视角、情感线索、发现创新等角度分析作品内容，

① 陈建华 . 幼儿发展评估体系的园本探索［J］. 早期教育，2020（9）：15-17.

关注幼儿作品中的学习兴趣和学习品质。教师在每学年的学期初、学期末和学年末对幼儿的行为表现进行勾选，主要分为“尚未成熟、发展中、熟练”三个水平梯度。（表9）

表9　幼儿作品分析维度与评估标准

分析维度	具体指标	评估标准（水平梯度）
内容表达	幼儿自我表述（回归作品本身）：	尚未成熟 / 发展中 / 熟练
	①儿童视角：通过画面展现个人视角	
	②时间与空间表达：	
	能画出时间和空间的基本元素	
	用个性化方式表达时间与空间关系	
	通过时间和空间线索辅助理解作品内涵	
情感与创新	1. 情感线索：反映情绪、兴趣或生活体验	尚未成熟 / 发展中 / 熟练
	2. 年龄特点：符合当前认知与表现能力	
	3. 发现创新：具有独特创意或非程式化表达	
学习品质	1. 学习兴趣：主题反映持续探索的积极性	尚未成熟 / 发展中 / 熟练
	2. 学习品质：专注力、坚持性、反思能力体现	
教育目标对标	3. 核心项目学习目标：与课程主题的关联性	尚未成熟 / 发展中 / 熟练
	1.《3—6岁儿童学习与发展指南》对应领域支持	
	2. 发展检核表：动作、语言、社会性等观察	

（三）课堂评估评分系统（Classroom Assessment Scoring System，CLASS）

师幼互动质量是幼儿园公共区域活动反思与评价的重要指标之一，思贤幼儿园将美国文化中的CLASS量表引入幼儿园教育教学，主要目的在于促进教师与幼儿互动能力的提高，而不是对他们现有水平和能力进行分级评价、横向比较。

需要说明的是，尽管CLASS量表的原始应用情境是课堂，但幼儿园课堂中与公共区域活动中的师幼互动存在一定的共性，都关注教师对幼儿的情感支持这一维度，因此它也被应用于思贤幼儿园公共区域的师幼互动质量评估中，为教师提供部分参考。基于CLASS量表中清晰的评分条目，幼儿园可通过结构化自我评估，系统提升公共区域活动中的师幼互动质量，并就如何采用针对性措施提高师幼互动质量进行指引。

（四）“游戏故事本”策略：自主评价与分享

游戏故事本

自《幼儿园保育教育质量评估指南》颁布以来，思贤幼儿园的教师逐渐认识到：科学评估是幼儿园高质量发展的基石，评估方式须注重过程评估、自我评估。教师尝试借助幼儿的游戏记录和师幼之间一对一的倾听、对话，将游戏故事本作为突破口，支持并鼓励每名幼儿利用绘画和符号表征的方式表达自己在公共区域的游戏情景及体验，以叙事的形式进行分享，借助游戏故事本完善幼儿的自我评估。

1. 问题导向：二次分享实现全儿童反思

从以往公共区域活动分享与交流环节来看，教师常占据主导地位。在活动中，教师仔细观察幼儿的游戏行为，并用照片、视频等方式记录，分享时播放照片，邀请图片中的幼儿介绍游戏情况，提出问题或引导幼儿发现问题，再共同讨论解决问题的方法，相反，却对内向型幼儿在游戏中出现的个性化问题缺乏倾听与理解。在采用游戏故事本的策略后，公共区域活动游戏分享可以分两次进行：第一次是游戏结束后利用照片、视频、图纸进行展示与分享，第二次是结合幼儿自己画的游戏故事进行分享和交流。前者可以是幼儿个体或小组内推举代表介绍自己活动中玩的是什么、怎么玩的、发现了什么、遇到了什么困难、如何解决等，其余成员进行补充；后者则是针对幼儿个体的作品，关注每名幼儿的最近发展区。结合《幼儿园保育教育质量评估指南》的精神，游戏故事本也能够成为幼儿语言能力培养的新途径，鼓励和支持幼儿与成人、同伴交流，让幼儿想说、敢说、喜欢说。

以公共区域活动“探秘小竹林”为例，为充分挖掘竹资源的价值，教师将小竹林区域活动分为竹林内和竹林外的游戏。

竹林内主要以不同年龄段幼儿的探究活动为主，如探秘小竹林——认识竹子、发现春笋、测量竹竿等，以及各类艺术写生活动和手工制作活动；七彩小路——通过各种感官感知竹林内小路的基本特征，利用竹叶、石子、木片等各种材料铺设小路。竹林外，利用竹制品开展各类大型活动，如套竹圈、推竹推车、踩竹高跷等。在户外自主性游戏时间内，小竹林内、外区域同时开放，幼儿自主选择感兴趣的活动。

每次活动结束后，教师会简单地分享活动照片与视频，然后给予幼儿充足的时间让幼儿在游戏故事本中用绘画等形式叙述属于自己的小竹林区域的游戏故事，通过同伴交流、展示游戏故事、幼儿互评等形式引导幼儿讨论并丰富零散的经验。

在上述案例中，小竹林区域的活动内容丰富多样，活动的开展是非线性的，教师在活动期间只能在某一时间段定点或定人进行观察，无法时刻对幼儿的实际表现进行关注，幼儿自身也很难从中获得经验的有效提升。因此，游戏后多样化的分享方法显得尤为重要。教师通过照片、视频分享幼儿的部分活动内容，然后借助讨论、分享幼儿游戏故事本的详细内容，将个体的公共区域活动经验转变为集体经验，使幼儿能在分享的过程中丰富与深化对公共区域游戏内容的认识。

2. 过程取向：倾听对话增加对儿童的认识

教师会根据自己在幼儿游戏开始前和游戏过程中的观察、发现及游戏后的分享、倾听，真实、客观地记录、补充幼儿的游戏故事，并进行深刻、细致的解读。教师也可以借此了解到幼儿在活动中参与的主动性和积极性，把握他们的兴趣点，从而完善活动的不足；通过幼儿在活动中的情绪和行为表现，解读他们在活动中的实际需求；同时，还要多鼓励和启发幼儿，促使幼儿始终保持参与公共区域活动的热情，实现深入地探索和学习。

仍以“探秘小竹林”活动为例，大班幼儿合作能力有了较大提升，教师建议幼儿以小组形式观察竹子，并把观察到的现象用图画或符号记录下来。

同一班级中幼儿的社会性发展水平存在差异，各小组行动后差异性较大：有的组 6 个人共同观察，1 个人进行记录；而有的组则出现“冲突无法协调，每个人都想记录，最后各自以图纸的形式记录自己的观察结果”的情况。

在活动后的分享与交流环节中，教师引导幼儿讨论小组学习的方法，其重点是活动刚结束时请幼儿对自己所在小组的成员进行评价：对其中合作良好的成员给予表扬，并介绍合作的方法；请不同小组成员说说自己的感受，分享自己在借鉴同伴经验后可以如何改进；等等。经过分享，幼儿了解了其他小组成员在活动中解决问题的不同方法，得出了通过猜拳、组长分配、轮流记录等方式获得记录的资格，以改进下一次活动合作的具体策略。在分享具体的策略后，教师还与幼儿对不同的合作策略进行了评价，比较了它们的优点与缺点。

在上述案例中，大班幼儿还处在初步学习合作的阶段——有合作意愿但策略不足。活动后的交流分享环节则帮助幼儿了解如何使用猜拳、组长分配、轮流记录等方式进行有序合作的实用策略。在这一过程中，幼儿能够通过真实的活动情境更好地了解不同策略的具体运用方式，同时在较长时间的分享过程中学会倾听。而分享后的评价交流环节不仅能够让教师进一步了解幼儿对同伴行为的理解，也能够在一定程度上帮助幼儿强化对不同策略的优势与不足的认识。

（五）“活动学习轨迹记录”策略：环境中的评价共享

环境是重要的教育资源，是课程创生的来源。公共区域活动主要是通过环境的隐性作用而间接地对幼儿的发展起作用的。公共区域的环境创设要尊重幼儿的学习特点，理解幼儿的学习方式，体现开放性、互动性、挑战性等特点，以激发幼儿的探究欲，支持幼儿在自评与互评中获得各种感性经验。[①]

1. 环境创设逻辑——源于儿童的问题或探索

“活动学习轨迹记录”策略是指将公共区域活动环境创设的主动权交给幼儿，使幼儿以主人翁的姿态参与其中，由他们依据公共区域活动内容，借助图画、符号等表征方式，记录自己感兴趣或惊讶的时刻，呈现幼儿个人、小组或集体在活动中的所思所想和解决问题的方法，鼓励幼儿在与同伴交流中主动思考，达到评价共享效果。在公共区域活动过程中，教师要充分考虑幼儿的年龄特点、兴趣爱好及发展需求，并关注三个方面，即幼儿的问题是什么、幼儿的探索是如何展开的、幼儿的发现有哪些。

2. 轨迹呈现方式——弹性多元的拓展策略

儿童有一百种语言，因此活动学习轨迹的呈现应当是多元的，既可以是平面创作或立体创作，给予幼儿更多展示空间，如连环画、折页式等；也可以是不同规模的展览，包含幼儿在公共区域活动中的拍摄、作品、实验、创意表征等。在公共区域活动中营造一种支持性氛围，鼓励幼儿有意识地通过看、听、问等多种途径收集材料并进行创造，也为幼儿好奇心的维持和关注点的拓展、联通提供了可能性支架。

“昆虫博物馆”是思贤幼儿园的公共区域之一。幼儿对昆虫有着天然的好奇心和探究欲，在一日生活中看到昆虫常会惊呼不已。教师鼓励幼儿将发现的昆虫拍摄或绘画下来，感知昆虫种类的多样性，发现昆虫的基本特征，如有无触角、脚的数量等，为昆虫制作“身份证”；师幼采用捏泥、手工制作等方式，充分利用树叶、树枝等自然资源制作昆虫标本，将其陈列在“昆虫博物馆”内。幼儿也会将参观上海自然博物馆的生活经验向同伴诉说，使个体经验转化为集体经验。在活动后期，幼儿还会向进入“昆虫博物馆”的人员介绍昆虫，如颜色、形状和生活环境等。随着幼儿对昆虫的了解越来越深入，幼儿在“昆虫博物馆”内的活动和学习轨迹日益丰富。此外，幼儿园还以昆虫为主题制作了海报，幼儿观看海报后便会自发交流，从中获得各种感性经验。

---

① 王海英．回归儿童立场的幼儿园环境创设［J］．幼儿教育，2018（31）：4-7.

制作“昆虫手作”（一）

自然材料

制作“昆虫手作”（二）

在“昆虫博物馆”的活动中，幼儿通过拍摄、绘画、捏泥、手工制作等方式记录自己的学习轨迹。进入“昆虫博物馆”的幼儿还能够以多种方式了解到其他幼儿的学习轨迹，并且借鉴他们多元化的学习、记录方式开展新的探索。在多元化的学习轨迹记录过程中，幼儿的语言表达、艺术欣赏与创作等多维度的能力都得到了发展。

（六）“表单”策略：为家长提供评价指引

家长是幼儿园课程的参与者、支持者、合作者和评价者，家长对幼儿园公共区域活动的评价视角是多元化、多渠道的，其生活经验不同、文化水平不同、工作环境不同，对幼儿园公共区域活动的要求和评价也不同。教师引导家长运用专业的视角来看待幼儿的发展和评价幼儿园公共区域活动的优劣。幼儿园中家园联络方式多样，与公共区域活动反思与评价息息相关的主要有家长半日活动评议和幼儿成长档案册。

1. 家长半日活动评议

半日活动是邀请家长入园观摩幼儿在园半日的生活与活动情况。通过这样的组织形式，家长可以了解幼儿园课程游戏化的进程，了解“自由、自主、愉悦、创造”的游戏精神对幼儿的重要性，了解公共区域活动是实现课程游戏化的重要载体。活动当天，教师向家长发放游戏评价表单，让家长了解小、中、大不同年龄段游戏环节的观摩要点。在家长半日活动中，家长观察教师对公共区域活动的组织与指导表现，近距离了解幼儿的游戏行为及学习品质的发展情况，并在游戏评价表单上填写观察的结果，教师根据家长的评价改进教育教学行为，共同推进课程的实施。

在大班的半日活动评议中，教师将游戏评价表单的关注重点放在“持续探究、同伴交往和规则意识”三个方面，并将其转变为可视化的幼儿行为表现：① 持续玩自己选择的游戏，如果遇到困难不轻易放弃，自己解决或求助他人；② 与同伴发生矛盾时用合适的方法解决；③ 游戏结束时，主动收纳、整理玩具。综上可知，半日活动中对公共区域活动的反思与评价主要指向幼儿的社会性发展。它关注幼儿自身的发展，真正做到以幼儿为本，有助于牢固树立“评价是为了促进每个幼儿在自身水平上发展”的意识，推进建立个体化的现状评价体系。活动结束后，家长须在“幼儿主要表现”一栏填写自己的观察结果，以描述为基础的评价方法。

家长是幼儿园教育的合作者，但家长通常没有足够的专业知识对幼儿进行科学、及时的评估。家长设计的评价表单既可以让家长有机会通过通俗易懂的评价指标了解幼儿在其所在年龄段发展的重点内容，并在观摩集体活动中获得对幼儿活动发展状态的直观、感性的认识，更好地保证家园教育的步调一致；又能够帮助教师了解家长对幼儿发展水平的把握情况，从而更准确、更灵活地调整家园合作策略，提升家园合作质量。

2. 幼儿成长档案册

幼儿成长档案册由教师、家长、幼儿三方参与，能对幼儿进行个性化、跟踪式的评价。幼儿的变化是阶段性的，教师与家长应该阶段性地去回顾幼儿的发展历程，评价幼儿的发展水平。成长档案册内涵盖了儿童作品集、主题课程核心经验、游戏故事、幼儿逸事记录等框架内容，真正做到将评估落实在各类教育教学计划中。

成长档案册中教师的评价对家园沟通存在一定影响，提高教师对幼儿评价的科学性，可以更好地促进家园沟通。在学期初，教师根据班级实际情况，携手幼儿和家长对成长档案册进行自主设计、自我创新，讨论与规划成长档案册的板块内容、呈现方式。一方面，教师要思考小、中、大不同年龄段学习内容的侧重点，注重评价信息的收集：小班更多关注幼儿生活的自理能力，展示幼儿在公共区域活动中的适应情况和愉悦瞬间；中、大班重点关注幼儿学习品质和学习能力，展示幼儿在公共区域活动中的进步与挑战。另一方面，教师要注重评价方法的选择，同时选用兼具专业性与通俗性的文字进行表述，在尽量保证评价客观、科学的前提下为家长提供一个便于沟通、交流的平台。

① 逸事记录与表格清单评价相结合。

公共区域活动更多以游戏故事、逸事记录呈现。逸事记录是观察者凭借文字描述、照片、视频、录音、幼儿作品等记录幼儿行为或某件事的信息收集和整理方式，便于家长了解幼儿在某一方面的具体发展过程。教师应力求在评价时既能体现专业水平，发挥指导作用，又能用生动、具体的事例介绍幼儿发展的状况，用科学严谨的语言表达自己的评价结果，深入浅出地向家长阐述相关理论依据。

表格清单是观察者对所观察的内容列出清单，针对所观察幼儿的表现在清单中逐一列出或勾选相关条目，再对这些信息进行收集和整理的方式，有利于家长了解幼儿在某一方面的发展水平。

逸事记录与表格清单相结合的评价方式能够在提供详细的活动描述的同时呈现幼儿较为全面、客观的发展状态，实现评价的“点”“面”兼顾。

② 纵向记录评价与横向记录评价相结合。

纵向记录评价指追踪式评估记录，横向记录评价指对幼儿在同一时间段内在不同领域内的记录。在公共区域活动中，教师既需要对幼儿在某一区域或某一兴趣点的活动进行持续性的观察与记录，也需要兼顾记录与评价幼儿在不同区域活动中的表现。这样纵向记录评价与横向记录评价相结合的方式能够呈现出幼儿在一段时间内、在不同领域的进步情况。

朵朵最近对小镇长廊中的旗袍制作非常感兴趣，在几次进入小镇长廊后都花费大量的时间用不同的材料尝试设计、制作不同款式的旗袍。老师让朵朵认识不同布料、初步尝试设计基础款式的旗袍、欣赏不同款式的旗袍，并且对朵朵给基础款式的旗袍进行装饰的过程进行了持续的记录。在这些记录中，可以清晰地看到朵朵在小镇长廊中对旗袍从认识到了解再到初步掌握的过程。除了旗袍店铺，朵朵也到糕点铺、锡纸店铺等其他区域进行了简单的活动。老师通过游戏记录本等方式对朵朵整体的公共区域活动的参与时长与频率进行了大致的记录。

在上述案例中，朵朵关于旗袍的公共区域活动被持续地记录下来，纵向记录让评估者可以通过持续性的纵向观察记录，获得朵朵在一段时间内对旗袍相关活动的兴趣重点的变化。横向记录则能让评估者一目了然地观察到朵朵对于小镇长廊其他区域活动的兴趣倾向。基于这两种记录方式，教师能够为朵朵提供与旗袍设计、制作活动相关的持续性的活动“支架”，丰富朵朵的旗袍设计、制作活动；同时，帮助朵朵进一步拓展活动兴趣，鼓励她在进入小镇长廊后进一步探究其他区域的活动内容。

③ 家长同步观察与反馈要积极。

成长档案册中的每一次记录都有确切的事件，每一张照片背后都有温暖的故事，家长和幼儿共同回顾成长档案册的内容，了解幼儿的学习策略、学习动机、社会性参与，倾听幼儿的心声，在评价的过程中了解幼儿的心理状态与内在需要，为促进幼儿多元能力的发展提供建设性意见。

通过成长档案册中“我的第一幅画”“我最喜欢的游戏”“我的成长故事”“我的好朋友”等板块，家长可以在家同步观察、评估幼儿的发展，增强家园教育合力，使评价在幼儿的日常生活情境中轻松进行。教师需要把幼儿的阶段特征与年龄特点熟记于心，进行常态化、持续性的追踪反思与评价，将幼儿可观测的行为表现与幼儿发展目标相联结，从而进行判断与分析。举例来说，家长可以持续观察幼儿在手工活动、日常生活料理情境中使用剪刀的情况，当幼儿出现显性的发展特征，如会剪小短线、小弧线、沿轮廓线剪等时，家长就可以用照片和简短的文字记录在成长档案册中，帮助教师了解幼儿的实际发展水平，调整公共区域相关活动目标，形成一个良性的闭环机制。

要想有效地实施幼儿园公共区域活动评价以激发幼儿的学习动机，发展幼儿的想象力、创造力、社会性和探究能力，促进幼儿核心经验的发展，教师就要强化过程性评价的意识，丰富公共区域活动中过程性评价的手段，不断学习理论知识，提高自身的分析与评价能力。

第四节 幼儿园公共区域与其他区域的融合

在幼儿园公共区域活动中，教师可以有机地将各种不同的活动形式融合在一起，让其形成一个多元化、综合性的活动体系，这是有别于传统幼儿园公共区域活动的一个重要特点，强调幼儿园公共区域活动可以根据幼儿的需求合理地“跨空间、拓形式”,与其他活动互为补充,更好地发挥幼儿园的教育功能,促进幼儿的发展和成长。当然，这对于习惯传统幼儿园各区域独立活动的教师而言，确实是一个不小的挑战。因此，如何促进幼儿园公共区域活动与其他活动积极有效地融合，就成了幼儿园公共区域规划过程中一个值得深入思考的问题。

一、公共区域活动与班级区域活动的融合

（一）共享活动策划：班级区域规则补充延伸至公共区域规则制定

在制定区域规则时，教师与幼儿将规则问题从各班级延伸到幼儿园的公共区域中去，使公共区域规则既能辐射全园，又能具体到各班各组各个具体活动中，这将有助于幼儿开展丰富多彩的活动。

1. 公共区域规则与班级区域规则的区别

公共区域与班级区域的最大区别在于它需要满足全园幼儿的活动需要，并且具备班级区域无法实现的特殊功能。因此，公共区域规则应兼顾小、中、大班三个年龄段的幼儿的特点，同时体现本区域特有的活动要求。

2. 公共区域与班级区域共通的规则

教师在设置公共区域规则时，要注意分析哪些规则是与班级区域规则共通的。尽量将各区域的规则进行融合，目的是帮助幼儿在一个生态式幼儿园区域活动中养成良好的社会行为规范。例如，区域卫生整洁方面：不随地乱扔垃圾，不随地吐痰，

不乱涂乱画，等等；区域设施设备方面：要爱护桌椅、玩具、图书，用好放回原处，等等；文明礼貌方面：会说礼貌用语，不大声喧哗，友好相处，等等；安全意识方面：不追逐打闹，剪刀不对着人，等等。这些规则在公共区域和班级区域之间都是共通的。随着幼儿区域活动经验的不断深入，这些规则会慢慢融入他们的游戏习惯、生活习惯里，幼儿以后到任何一个活动区都可以这样做的。

3. 教师角度的班级区域规则是对公共区域规则制定的延伸

适宜的规则，可以使区域活动有序开展，可以间接地促进幼儿在游戏中实现高质量互动。从儿童视角去看待区域规则，区域规则是为幼儿游戏服务的，需要幼儿共同参与、协商去制定。但是，在规则制定的过程中，教师的隐性参与也起到了至关重要的作用。教师想要助力幼儿在公共区域活动中进行高质量的游戏，可以将本班级的区域规则在游戏前在公共区域进行隐性的补充延伸。

（1）半流通式班级区域规则延伸到公共区域

幼儿园在整体规划时是将玩具柜、屏风等设备作为各馆的分界线或隔断的，这让小镇长廊里的各馆之间有了封闭性，幼儿在各馆中游戏时“各司其职”，这暗示了幼儿在活动时遵守“各馆工作分明，不乱跑，不擅自离岗”的规则。在活动开展过程中，教师发现幼儿在各馆中虽能较专注地进行制作锡器、旗袍等活动，但制作完后对下一步的游戏情境的推进并不理想，并且不少幼儿制作得久了很快就厌倦了。后来，教师根据班级区域之间半流通的设置对小镇长廊里的柜子、屏风等隔断的摆放进行了调整，让各场馆之间既有一定的边界，相互之间又都是流通的，促进了幼儿更丰富的游戏行为的出现。

（2）公共区域内的人数控制

教师将班级区域提供插牌、挂牌、一定数量的服饰等方式延伸到公共区域的游戏中，教师根据本班幼儿的活动情况去调整牌子和服装的数量，从而控制场馆人数。在活动中，教师发现旗袍馆人数过多而剪纸馆人太少的时候，除了调整、丰富活动材料，还可以通过调整牌子、服装的数量来解决这个问题。

（3）正面引入班级区域规则

教师在制定公共区域规则时，可以适当补充与班级区域相似的一些共性的规则，使其在公共区域更有针对性、可操作性，帮助幼儿建立一个可接受的行为框架。比如可以将“在班级里不要乱跑”调整为“在小镇长廊里每个人只能步行”；可以把班级美工区里的“用剪刀要小心”调整为锡器馆里的“榔头只能敲在锡纸上”；等等。在注意安全、讲文明、懂礼貌、爱护设备等方面进行引入并具体化。

当然，这里提到的“教师角度”不是指教师在活动中对幼儿的控制与指挥，

幼儿自主绘画的标识

而是通过巧妙地创设隐性规则，让环境和材料去“说话”，从而优化幼儿的游戏行为。

（4）幼儿角度的班级区域规则对公共区域规则制定的补充

活动区的规则需要教师和幼儿一起制定，或者由幼儿制定。幼儿在制定公共区域规则时会迁移班级区域规则制定的经验。当然，教师在引导幼儿进行规则制定时要充分考虑幼儿的年龄特点，如“小班：在提醒下，能遵守游戏和公共场所的规则。中班：感受规则的意义，并能基本遵守规则。大班：理解规则的意义，能与同伴协商制定游戏和活动规则”。

某大班幼儿在公共区域小镇长廊游戏后，老师引导幼儿针对自己在小镇长廊各馆中的具体活动展开讨论。老师提问：“你在什么馆里游戏？玩了什么？遇到了什么问题？可以如何制定或修改规则？”在美食馆里游戏的幼儿说：“我包馄饨、做点心，顾客买了一桌子的食物，吃两口就走了；服务员一直聊天，盘子、碗没人洗，也没人收。我们可以把班级角色区小饭店里不浪费粮食、招待好顾客的规则牌拿过来用。”在蚕茧馆里游戏的幼儿说：“给丝线染色，颜料水总是弄得地面脏脏的；小朋友总会把各种颜色混在一起；丝线用起来太浪费了。”“没错，我们班美工区里也规定不能把颜料洒在地上。”其中，有小顾客投诉锡器馆的工作人员榔头敲锡纸敲得太响了，全是噪声，还把塑料盒子敲坏了。于是，有幼儿说：“可以把班级里不要吵闹的规则改成不要发出噪声。”剪纸馆里的幼儿说：“彩纸不要乱剪，这也是爱惜材料呀！”旗袍馆最近在开展汉服造型游戏，幼儿说：“班级规则里尊重他人的规则部分可以写：簪子不要戳到头；化妆时不要在小朋友脸上乱涂；衣服要分男女，不要乱穿。”建构馆的幼儿说：“在‘保持地面整洁’的基础上加上一条沙盘里的沙子不要弄在地上的规则。”小顾客对摄影师也提出了要遵守的规则：“不能自作主张删除或撕毁照片，要经过小顾客本人的同意才可以。”而馆里的工作人员对于小顾客的要求是：“要像班级角色区里一样，不要抢东西、进馆要排队、不要大喊大叫。”老师继续追问：“那接下来，我们可以怎么做呢？”幼儿说：“以后每次来美食馆玩时，可以把班级角色区小饭店的规则牌带来。”“把规则牌重新写得更清楚一点。”“在每个馆中都提供纸和笔，可以随时添加新的规则。”

某小班老师结合近期幼儿想在班级自然角里观察萝卜叶子生长的情况，在公共区域生活体验室中开展了切萝卜、做萝卜丝饼的活动。老师和幼儿在一起制作萝卜丝饼前，老师帮幼儿每人准备好一套切萝卜的砧板、儿童刀等工具。幼儿来到生活体验室，迫不及待地就要动手操作起来。老师问："做美食之前我们需要干什么？我们在班级生活区里制作水果沙拉的时候有什么规则呢？"幼儿回答："要洗手，还要戴一次性手套。"当美味的萝卜丝饼出锅后，幼儿兴奋地跑上前要尝一尝，老师再次提醒道："当大家都想要时，我们小朋友该怎么做呢？"幼儿回答："跟在教室里吃饭一样，要排队。"

从幼儿的讨论、回答中可以看出幼儿对班级区域规则的经验迁移、拓展和补充。其实，幼儿在任何活动区开展游戏的过程中都会遇到问题，幼儿只有自己感受到问题、看到问题，在活动中探寻到存在的真实的、具体的、需要解决的问题，并能说出、列出有效解决问题的规则策略，这样才能进一步促进自己去理解规则的意义和产生创设规则的想法。需要注意的是，公共区域规则的设置可以是固定的，但一些具体活动的规则最好是方便替换的，这样能满足幼儿不同时段游戏的需要，以及之后不同班级的幼儿进区游戏的需要。

（二）定期补充材料：班级区域制作材料支持公共区域材料更新

"儿童的智慧源于材料"，区域活动的教育功能主要通过材料来实现，材料是帮助幼儿在区域活动中进行探索、游戏的主要工具和辅助手段。如果教师能够创造性地、巧妙地将班级区域活动材料，包括幼儿的作品，引入公共区域活动中，这样的"一物多用"能引发不同区域之间的互动，使材料更具有动态性，以不断拓展幼儿的活动经验，支持幼儿进行更深入的探索。

在公共区域思趣园，幼儿游戏时发现一棵木瓜树上有一个鸟窝，于是幼儿讨论：这会是哪种小鸟的窝呢？如果有更多的小鸟住进思趣园就好了。教师捕捉到了幼儿的兴趣点，在班级的美工区投放了树枝、一次性筷子、稻草、落叶及鸟窝制作图纸等材料。第二天，当幼儿进入美工区时，自然而然地将材料与制作鸟窝联系起来。有的幼儿用扭扭棒将树枝进行组合建构，中间铺上落叶；有的幼儿直接找来一个方盒子，在方盒子里放些

放置鸟窝

碎纸和棉花；有的幼儿直接用陶泥捏出了一个鸟窝……幼儿在美工区把鸟窝做好以后，纷纷拿到思趣园，有的幼儿把鸟窝挂在树梢上，有的幼儿把鸟窝卡在两根树枝中间，还有的幼儿直接将鸟窝放在地上。为此，思趣园里多了许多五颜六色、各式各样的鸟窝，以及竹梯、木桩、望远镜、小雨伞、小鸟居住记录表等新材料。

在关于“交通工具”的活动中，科学区的幼儿正在利用纸筒、弹簧、瓶盖、牙膏盒及一些现成的玩具汽车的组合轮进行交通工具的制作。老师发现，由于对班级科学区投入的材料有限，许多幼儿设计的交通工具都比较简单，如用牙签将两个瓶盖相连，再装上汽车外壳；把羽毛粘在纸盒上当翅膀等，缺少了机械、电、力等科技元素。于是第二天，老师让幼儿将自己制作的交通工具带到科技长廊，引导幼儿利用科技长廊里的电路器材、机械器材、磁力玩具等对自制的交通工具进行重新组装与改造。在几番尝试之后，幼儿发明的交通工具都得到了一定程度的“升级”，而科技长廊里也新增了许多的未来动车、智能机器人等科技发明小制作。

这样，班级区域与公共区域之间借助制作鸟窝的契机、对交通工具探索的需要而发生互动，幼儿根据班级区域活动的经验和需要，将材料引入公共区域，既丰富了公共区域的材料资源，又深化了自己的游戏行为。

需要注意的是，班级区域材料对公共区域的支持需要借助合适的契机、幼儿的需要或主题开展的需要等。就像公共区域活动中的鸟窝制作游戏一样，幼儿想要通过投放鸟窝来吸引小鸟到思趣园安家。如果幼儿在活动中没有关注到树上的小鸟和鸟窝，教师在美工区提供再多的树枝、毛线，也很难让幼儿将这些材料和思趣园进行联系。因此，班级区域制作材料对公共区域材料的更新需要把握合适的契机。同时，这还需要教师有一双敏锐的眼睛去捕捉幼儿在活动中的兴趣点、关注点，观察幼儿的活动需要，以此判断何时、是否需要及如何进行区域之间材料的互动、支持和更新。

（三）联动环境创设：班级区域环境关联对应公共区域环境布置

环境是幼儿的第三位老师。教师需要通过环境的创设来帮助幼儿与周围的材料、同伴、成人、事件、关系等进行积极互动，获取直接经验，从而建构认知。上述讲到了班级区域制作材料可以支持公共区域材料更新，同样，班级区域环境的创设也能根据幼儿活动的需要、主题发展的需要等与公共区域环境创设进行关联与互动。班级区域与公共区域之间虽然看似是独立的，关联性不强，但是在这些区域活动中幼儿产生的经验是连续性的、创造性的。正是有了幼儿，有了各种丰富的主题活动，在很多情况下可以将班级区域与公共区域之间串联起来，进行相关联的环境布置，激发与促进幼儿在各区域之间积极主动的互动。

在“桥”的主题活动中，教师在建构区提供了叠梁拱桥的建构图纸及树枝等材料，在科学区提供了一次性筷子、小铁块、记录纸等材料，幼儿利用材料进行了叠梁拱桥建构的探索。当幼儿能够在班级建构区呈现出简单的树枝叠梁拱桥时，教师引导幼儿进入美术室（公共区域），尝试使用更丰富的材料进行叠梁拱桥的搭建和装饰布置。最后，幼儿在创意美术室用竹竿搭建了更为大型的叠梁拱桥，并在叠梁拱桥上铺上木板，又在木板上粘了许多的彩色塑料珠进行装饰，在拱桥的背后用宣纸包裹 KT 板[①]绘制了重重叠叠的绿色高山，在拱桥的下面平铺白色沙石进行装饰，又用欧克泥捏了许多个小娃娃放在了桥上，整个创作结合了建构和美工，不夸张地说是一幅壮观的绿水青山图。

这样一个关于“桥”的主题活动，将原本彼此独立的班级区域活动与公共区域活动联系在了一起，并创设了同一主题下相关联的环境布置。

秋季正当时，幼儿对泡茶、烤橘子、烤板栗等活动有一定的生活经验，因此近期班级角色区的“围炉煮茶”是最受大家欢迎的一种游戏。每次区域游戏，“围炉煮茶”总是“生意爆满”。但是，班级走廊角色区的场地有限，“围炉煮茶”的“老板”将泡茶与制作点心集中在一张操作桌上完成，“小顾客”也最多容纳 4 个人。角色游戏结束后，大家一起分享和交流，幼儿也提到了关于“围炉煮茶”地方小、顾客多、很拥挤的情况。教师引导幼儿思考在班级场地不够的情况下可以怎么办，于是大家商量后觉得可以将班级变成“围炉煮茶总店”，把小镇长廊的美食馆变成“围炉煮茶分店”。

当幼儿去小镇长廊活动时，他们按照班级“围炉煮茶总店”的布局，将“围炉煮茶分店”划分为美食制作区、堂食区、饮茶区和售卖区 4 个部分，售卖的窗口也扩展到了 3 个，包括美食窗口、饮料茶水窗口和打包窗口。在小镇长廊的“围炉煮茶分店”中，幼儿尽情地扮演着老板、售货员、服务员、厨师、顾客等多种角色。相比班级的“总店”，幼儿有了更多参与游戏的机会和空间。在小镇长廊游戏中，满满小顾客来到了“围炉煮茶分店”，天天老板热情相迎，问道：“请问你想来点什么？”满满小顾客说：“给我来杯熏豆茶（一种本地特色茶）。”天天老板又问：“除了喝茶，你还要点儿别的吗？你想坐在店里吃，还是去店外的小桌上一边看风景一边吃呢？”满满小顾客说：“店外面，我要一边看太湖美景一边喝茶，再聊个天。”“好嘞！”说着，天天老板就叫来欣欣服务员，两个人一起把小方竹桌和竹板凳搬到了店外的小河边。不仅如此，天天老板还搬来了一个两层的小木架放在了外面，并把要泡熏豆茶的熏豆、芝麻、茶叶、胡萝卜丁和赠送的小点心、茶叶夹、茶杯等材料通通拿了一份放在了小木架上。天天老板说：“我就在外面给你现泡

① KT 板是一种由聚苯乙烯颗粒经过发泡生成板芯，再经过表面覆膜压合而成的新型材料。

现喝。”

第二天，幼儿又在班级区域进行角色游戏时，丁丁和彤彤在班级走廊找了块空地，拿来了一些竹竿、麻绳和地垫，玩起来搭帐篷野餐的游戏。游戏的过程中，丁丁和彤彤还会时不时地去“围炉煮茶总店”打包一些点心或者点一壶茶来喝。角色游戏结束，幼儿将游戏经验进行了分享交流。于是，等到下一次的小镇长廊游戏时，“围炉煮茶分店”的“老板”说：“我们在户外饮茶区再放一个帐篷吧！帐篷里再铺块布，小顾客可以坐在里面吃。”服务员问道：“哪里有帐篷啊？”“老板”回答道：“去建筑馆，请建筑馆的工人帮忙做一个帐篷呗！”服务员又问道：“那布呢？”“去旗袍馆买啊！旗袍馆里布最多了。”“老板”回答。于是，“围炉煮茶分店”的户外饮茶区又增设了小帐篷等新材料。

班级角色区游戏后的分享交流，帮助幼儿回顾梳理游戏中遇到的问题，并提出解决策略，或者分享游戏时有趣的、有意思的经验，引导幼儿站在新的角度去思考，去开展新的活动。班级“围炉煮茶”活动的引入，不仅丰富了小镇长廊的活动内容，同时还激发了幼儿对小镇长廊美食馆的创设与改造，比如增设售卖窗口、增设馆外饮茶区等，将小镇长廊环境的布置与班级区域环境关联和互动起来。在此过程中，幼儿的活动经验得到了拓展、游戏情境得到了延伸，促进了班级区域与公共区域之间的积极互动。

二、幼儿园不同公共区域活动间的融合

公共区域活动具有动态性、开放性、参与性等特点，强调公共区域活动内部各要素之间存在有机联系，根据幼儿的需要，各个公共区域活动之间可以相互融合、合理拓展和互补，形成互利共生的关系。以下将探讨如何促进公共区域活动之间的有效互动，实现幼儿园不同公共区域活动之间的融合。

（一）使用通用性媒介，提高公共区域互动质量

公共区域之间只有互融互通才能更好地提高幼儿的参与度，丰富幼儿的社会性经验。传统幼儿园的公共区域只是将园内场地划分为几个不同的活动区域，幼儿在各自的区域范围内游戏，彼此之间缺乏交流和互动。因此，在公共区域导入通用性媒介，如通过订单和标签等形式，能够联通各个公共区域，提高互动的质量。思贤幼儿园有小镇长廊、科技长廊、创意美术室、生活体验室等不同功能的公共区域，也有思趣园、玩木区、小竹林等户外公共区域。

为了更好地加强各个区域之间的有机融合，思贤幼儿园可以在各个公共区域的游戏入口处设置一面标签墙，幼儿和教师可以共同设计空白的订单，订单上包含所

需材料、数量、定制要求、取货时间、订单人等，订单人可通过绘画、符号等形式在相应的公共区域填写订单并贴在标签墙上。在各个公共区域活动的幼儿可以在自己的能力范围内选择感兴趣的订单并按要求完成，制作完成后再做好标签放置在存放处或送到订单人手中。

创意美术室的幼儿想制作银杏树叶贴画，他们就派人到玩木区填写订单，玩木区的幼儿会根据订单要求捡拾相应的银杏叶送到创意美术室，并在订单上填写已完成，创意美术室的幼儿就能制作树叶贴画了。

另外，幼儿可以制作标签贴在完成的作品上，标记好制作者的班级、姓名、日期、区域名称等，并将作品陈列在公共区域，供有需要的幼儿定制。通过订单这一通用性媒介，诱发了公共区域之间的互融互通，内部作品推广与外部订单需求链接起了各个公共区域，幼儿不但在活动中学会了使用订单和标签，提升了交往技能，还加强了不同公共区域的融合，获得了多方面的发展。

不同公共区域之间是一种“形散而神聚”的关系，彼此相对独立的公共区域之间贯穿着一条线索。活动线索的适宜引入，亦能促进不同区域之间的融合。例如，将“银行卡”“劳动赚钱”的线索引入，能加强公共区域之间的互动。

小镇长廊的点心区材料种类丰富，有很多吴江本地的特色美食，如青团、袜底酥、状元蹄……

孩子们有的扮演顾客、有的扮演点心师、有的扮演老板。孩子们选择好自己喜欢的岗位后开始工作。曦曦来到点心店想买状元蹄，“老板”说状元蹄要20元，可是曦曦银行卡上只有10元，于是跟“老板”还价：“可以便宜点儿卖给我吗？”“老板”拒绝了她。很多“小顾客”都遇到了钱不够用的问题，“小顾客”买不起，点心没人买。这该怎么解决呢？于是，老师和孩子们一起探讨，最后讨论出可以通过劳动赚钱的方式，可以去店里当服务员打工赚钱，可以去隔壁美术室里制作青团等美食赚钱，也可以去旁边剪纸馆剪窗花卖钱……大家想到了很多赚钱的方法。经过大家在各个公共区域通过劳动努力赚钱，点心店的生意又好了起来。

教师通过将“银行卡”“劳动赚钱”的方式引入活动中，推动了不同公共区域之间的积极互动，促进了不同公共区域活动之间的融合。

（二）提供综合性任务创设联动游戏，提高幼儿互动水平

通过合理规划园所空间布局，利用走廊、户外等场地及周边资源打造的公共游戏区域具有共享的优势，幼儿能按自己的兴趣选择活动内容，在各具特色的公共区域进行创造性的游戏。在公共区域活动中，不要局限在“方寸”之间，要有“全域”视角。结合各公共区域的优势和特点，鼓励幼儿打破公共区域范围的限制，通过提

供一些综合性任务，实现多区域活动成果支持，形成公共区域的联动，将其有效整合，促进幼儿全面的发展。针对综合性任务的主题，教师可以充分挖掘季节、节日、传统文化等资源来开展。例如，结合季节特点，开展不同季节的市集活动；结合春节等传统节日，可以把迎新春、贴春联等活动纳入区域中。

通过区域联动，幼儿能与多样化的材料、不同角色的同伴、丰富的活动内容产生互动，在活动中进一步提高游戏水平。通过综合性的任务，幼儿能在不同的公共区域，接触到更广泛的对象，互动的主题也更加深入，在广度与深度的互动中，幼儿的社会性行为得到发展，合作、坚持等社会品质也得到了相应的提高。另外，公共区域联动有助于深挖活动，使活动更加丰富。幼儿在活动中遇到问题、分析问题、解决问题，更好地提高游戏水平。例如，在六一儿童节举办爱心义卖活动，活动材料的准备、区域环境的布置、活动内容的筹划等环节都充分整合了有价值的课程资源，更好地促进了各个公共区域之间的相互协作和联动。

在“六一”爱心义卖的活动中，各个公共区域相互联动与协作，发挥了重要的作用。在规划和准备阶段，幼儿共同制定义卖活动的目标、主题和流程，各个公共区域设定各区域可达成的小目标，使义卖更具有分类特色和集体成就感。在宣传阶段，不同公共区域可发挥各自的特色，如幼儿可在创意美术室制作邀请函、宣传海报等，也可在幼儿阅览室制作宣传小册子……在准备阶段，幼儿可利用各个公共区域的资源筹备义卖物品。例如，幼儿可在生活体验室制作果茶、点心等义卖食物；思趣园能为幼儿提供西瓜等水果；创意美术室、玩木区的幼儿可创作手工艺品，如画作、手工制品等进行售卖；幼儿阅览室举办二手书交换会或图书拍卖会，幼儿可以在那里买卖图书，创作故事书或漫画，家长和孩子合作制作简单的图书出售；小镇长廊、科技长廊、骑行区等场地可作为义卖的场所；幼儿可在思贤小舞台开展公益表演、有奖猜谜等活动。

在义卖活动中，幼儿在每个公共区域设立相应的摊位，展示和销售其商品和作品。幼儿在教师和家长的指导下参与销售过程，从而培养他们的社交和语言交流能力。各公共区域之间可以设置区域联动的集章活动，参与所有区域的活动可以获取小礼物，以此促进不同公共区域的联动。义卖活动不仅可以筹得义卖资金，还鼓励区域之间的合作。这样的活动使整个区域都联动起来了，给予了幼儿充分学习的机会，发挥了联动式公共区域的价值，体现了“润物细无声”的教育价值。

（三）绘制使用资源地图，增强共享共用体验感

资源是公共区域活动中的重要载体，适宜、丰富的资源能满足幼儿多方面的兴

趣与游戏需求，实现自主探索、经验建构。资源地图融数字化与纸质于一体，综合各项资源，将公共区域活动实施过程中可能开发利用的资源直观地表达出来，家、园、社合力实现有效互动，从而引发与促进不同公共区域之间的互动、融合。

在思贤幼儿园公共区域活动中，通过对园内外资源进行梳理，教师构建了多层次的幼儿园课程资源地图，其中包括资源内容与数量、位置、资源利用建议、资源开发与利用优秀案例等信息，以满足不同对象的需求。

为促进不同公共区域间的互动与融合，教师与幼儿可以共同绘制资源地图并投放于公共区域，在活动时幼儿可自主探索并使用。在绘制资源地图时，巧妙的留白能引导幼儿通过语言、图画、表征等方式与地图互动，从而了解区域内的资源。

秋天，玩木区的银杏果成熟了，教师通过玩木区课程资源地图引导幼儿观察银杏树的数量、银杏果的基本特征等，引导幼儿制订采摘计划，探索多种方式进行实地采摘，并与其他公共区域产生联动，在沙水区清洗果实、在思贤木工坊解剖果核、在生活体验室烘焙、在小镇长廊售卖等。幼儿在采摘银杏果的活动中，成功将银杏果的采摘方式、银杏果的内部特征、银杏果的食用方式等资源信息呈现在各公共区域的资源地图上。

资源地图的绘制、使用与完善有利于幼儿在每次活动后进行后续的观察、思考与探究，引发与促进了不同公共区域活动之间的融合。为便于资源地图的有效利用，提高各公共区域资源共享的效率，资源地图的样态要实现立体架构与空间延伸，资源地图在建构的过程中要注重动态性及建构者的参与性。及时更新和筛选，保证资源地图中的各类资源满足幼儿的学习需求。资源地图的建构是一个动态发展的过程，需要不断提升资源开发与利用的有效性，助力幼儿在公共区域获得有益经验，实现各公共区域的有效融合。

三、幼儿园公共区域活动与社会实践活动的融合

陈鹤琴先生曾提出，大自然、大社会都是活教材，运用天然材料开展教育活动，可以让幼儿获得真实的感受。3—6 岁儿童的学习以直接经验为主，他们通过自然、社会这些媒介，利用周围环境展开学习。生活在社会这个大环境中，社区生活、传统节日等是儿童所熟悉的、经常能接触到的，幼儿在社会环境中受到潜移默化的影响。在最传统的幼儿园区域活动中，区域与家长、社区的联系也会被关注到，但三者之间的关系是不平等的，这种关系往往是一种单向的资源供给，缺乏双向互动。与此形成鲜明对比的是，幼儿园公共区域活动需要幼儿园、家庭、社区在不同时空维度进行互动与联合，形成一个有机整体，从而为幼儿提供具有内在联系的经验。

因此，在幼儿园公共区域活动中，教师应注重优化公共区域活动与家庭、社会的关系，注重与社会实践活动融合，抓住社区环境中的教育资源，促进幼儿全面发展，实现公共区域活动、家庭、社会的互动共生。

在处理幼儿园公共区域活动与社会实践活动融合的过程中，教师需要注意以下几个方面。

（一）环境创设：实地探访园外环境，明确环境特征

随着信息的公开透明及国人教育素养的提高，家长开始关注幼儿园的教育教学水平，家庭和社区教育资源也开始受到重视。幼儿园逐渐将社区教育资源和幼儿园公共区域活动相融合，以期能有效提高幼儿的思维能力和人际交往水平。

1. 建立资源库，共享社会教育资源

资源库是指幼儿园根据公共区域活动组织和实施的需要，对直接支持教与学的各种形式的教育资源进行整合而建设的为教师和幼儿所使用的资源支持系统。高质量和内容丰富的资源库能够有力地支持公共区域活动的开展，从而促进幼儿游戏水平的提高。

建立资源库首先要对教育资源进行基本的调查，包括自然资源、社区公共资源、人文资源及人力资源等。自然资源中蕴含着很多美育元素，有助于幼儿在公共区域活动中培养社会技能，增强对美的认识。社区公共资源（如超市、银行、加油站等公共设施）可以帮助幼儿了解其在社区中的主要功效，学习使用社区公共服务设施的基本技能。其次要注意收集社区或具有潜在教育价值的家长或工作人员的信息并建档，包括工作单位、爱好、特长等信息，助力公共区域活动的开展。

在对教育资源进行收集后，还要对其进行分类整理，建立资源库。通过绘制教育资源分布图可以有效整合教育资源，如社区内的甜品店、回收站等可以成为材料的供应库；苏州湾博物馆、苏州湾数字艺术馆等可以成为专题活动库；社区里的医生、消防员等可以成为人才资源库里的人才……资源库的建立，为社区教育资源的高效利用提供了坚实的保障。

2. 利用社区资源，丰富公共区域活动材料

社区环境具有多样性，幼儿在社区环境中实现自我认识和成长。在创设公共区域时，教师要构建贴近幼儿生活的公共区域游戏。教师根据幼儿兴趣，创设能培养幼儿探索精神的地域性公共区域活动游戏，设计能拓展儿童情感体验、符合幼儿生活经验的活动游戏。在投放公共区域活动材料时，充分利用社区资源，如废旧的卷纸筒、塑料瓶、纸箱等，将其放入区域进行再创造。

在思贤幼儿园小镇长廊的创设中，教师和幼儿创设了富有本土特色的公共区域环境：幼儿可以在锡器馆制作锡器、在旗袍馆定制旗袍……在锡器馆、旗袍馆、剪纸馆等特色古镇环境中，利用社区资源如废旧的锡器、旗袍、青花瓷碗等打造水乡特色长廊，以角色游戏的形式将各色本土文化活灵活现地展现出来。

具有本土文化特色的社区资源让幼儿能够在公共区域文化中触及自己所熟悉但不甚了解的本土文化。通过使用公共区域的锡器，更多幼儿了解到了黎里古镇的锡器文化；通过自主设计旗袍，幼儿了解到了传统旗袍的款式、布料，知道了盛泽丝绸文化；等等。这些材料是游戏材料，也是帮助幼儿感受与传承本土文化的重要载体。

3. 营造良好氛围，感受社区特色活动

幼儿生活在社会中，社区的环境、设施、人际关系影响着幼儿的发展。幼儿通过社区的特色文化和氛围，在贴近生活的环境中开展丰富的公共区域活动，让社区的教育资源得到充分运用。幼儿走进社区，感受社区文化，将社区教育资源与公共区域活动充分融合。活动前，幼儿可以先观察、收集材料，然后与同伴交流。家长可以带幼儿参加丰富的社区活动，在感受活动氛围的同时增加社会经验，更好地利用社区资源进行教育。

在丰富主题活动的过程中，教师会与幼儿一起从幼儿的兴趣出发，通过“走走看看、动动小手”的方式鼓励幼儿用自己的眼睛去发现社区中的“新鲜事物”。在幼儿学习“垃圾分类”的过程中，幼儿不但认识了垃圾分类的标志，还参与了社区的捡垃圾活动；在幼儿对科技长廊中的地铁产生兴趣时，他们还一起在工作人员的引导下参观地铁，研究地铁路线图，等等。这些活动丰富了幼儿的认知，也将公共区域的“假模型”与社区的“真资源”进行了连接。

实地体验加深了幼儿对社区资源及文化的认识，也将社区教育资源与幼儿园教育课程更好地进行了融合。捡垃圾的活动既增强了幼儿对垃圾分类的认识，加强了幼儿保护环境的意识，也让幼儿园小镇长廊活动中的垃圾分类进行得更加准确；对地铁的研究助力幼儿在科技长廊与骑行区的游戏中设计出属于自己的交通线路图。

4. 区域环境布置与社区教育资源相呼应

幼儿的认知很大部分来源于社区和家庭。在进行公共区域环境创设时，教师可以与社区环境联动，依据社区的人文精神展开相关联的活动内容，将幼儿园和社区教育资源相结合。

在垃圾分类的风潮下，教师将社区的垃圾分类图片张贴在了小镇长廊。

每天进进出出看着图标，幼儿逐渐对“如何进行垃圾分类”产生了兴趣。在进

行集体讨论后，幼儿和家长利用课后时间观察了社区中的垃圾分类站点，并且通过拍照记录的方式在班级里进行了分享。通过大家的“调查”，幼儿清楚了不同垃圾的类型，在家也能够主动帮助家长进行垃圾分类了。

他们将自制的垃圾分类的内容迁移到了喜欢的小镇长廊的游戏中，在小镇长廊进行了“垃圾盘点”，并且制作了相应的环境标志，进行了协作分工——锡器馆可以回收可回收垃圾，小吃店里幼儿将可回收垃圾、厨余垃圾等进行分类处理。

在这些标志的指引下，目前，垃圾分类已经难不倒小镇长廊游戏的参与者了。

由“垃圾分类”的案例可见，教师可以利用社区资源布置公共区域活动环境。垃圾分类的标志在最初引起幼儿的困惑与好奇，引导着幼儿回到自己所生活的社区一探究竟。环境布置就像公共区域活动中的“引子”，引导着幼儿从幼儿园回归社区与家庭，再由家庭回归幼儿园，促进着三方之间的互动与联结。

（二）活动设计：访问、邀请校外人员，了解活动内容

1. 链接幼儿社会经验，生成新的公共区域活动

小镇长廊活动

幼儿获得新经验的方式有很多，家庭和社区是主要来源，幼儿获得的经验中存在很多有价值的新经验。教师要善于捕捉幼儿在家庭、社区中获得的有价值的经验，在公共区域生成新的活动，助力幼儿经验的生长。例如，教师观察到了幼儿周末去古镇游玩的经验，在公共区域小镇长廊开展了“水乡古镇”的活动。

在进行区域游戏时，佐佐兴奋地向同伴介绍自己周末去了同里古镇游玩，有小桥、河流、美味的袜底酥，还有很多古色古香的房子。同伴们听了，有的激动地附和自己也去过，有的好奇古镇是什么样的，也想去看一看。

通过谈话，幼儿对水乡古镇产生了浓厚的兴趣，于是教师抓住这一契机，有意识地引导幼儿讨论自己见过的古镇：“你去过哪些古镇？”“古镇里有什么？”“古镇的房子、小桥、街道和我们平时见到的有什么不一样呢？有什么美食呢？”思贤幼儿园的小镇长廊正是水乡古镇的缩影，幼儿借此契机进入区域，结合自己新的社会经验，在剪纸馆、美食馆等场馆里开展了很多新的游戏活动。

2. 依托公共区域活动，引发相关社会实践活动

在幼儿园公共区域活动中，教师应清楚公共区域活动与家庭、社会的关系是双向、开放的。幼儿能在链接社会经验开展多样化区域活动的同时，在公共区域活动中获得新经验。教师要观察幼儿在公共区域活动时经验缺乏的方面，尝试将其与幼儿的社会实践活动相结合，开展相关的社区、家庭活动，丰富幼儿的经验，深化幼儿公共区域活动时的游戏水平。

在骑行区游戏时，有的幼儿骑车，有的幼儿模仿交警指挥交通，有的幼儿模拟在加油站加油。虽然幼儿对自己的角色有一定了解，但具体怎么操作、有哪些工作职责，还不是很清楚。于是，教师与幼儿通过谈话了解交警、加油站的工作人员等的工作职责，并鼓励幼儿回归社区，了解社区里的交警、加油站的工作人员是如何工作的。周末，幼儿在家长的帮助下，进行了社会实践活动，回来后进行了集体讨论。“马路上有很多的交通标志和指示牌，司机开车时要遵守交通规则，不能压线、闯红灯。”“交警通过手势指挥交通，如果有人不遵守，可以让司机停车。”“去加油的车辆要排队。”

针对在公共区域活动中遇到的问题，幼儿通过实地考察、有针对性地调查，了解了社区的交通规则，以及社区工作人员的工作内容。幼儿依托公共区域活动，参加了相关的社会实践活动，新经验的获得有助于他们更深入地开展公共区域活动，提高游戏水平。

3. 开展多样化的亲子活动，深化公共区域和实践活动的融合

家长在传统活动中一般是资源的供给者，根据教师的要求提供相应的材料，并不清楚材料的用途和活动开展的情况。因此，通过倡议书、邀请函等方式吸引家长真正参与到活动中，了解活动的目的和内容，能更好地为活动出谋划策。在活动过程中，注重听取家长意见，并引导家长根据活动内容开展亲子实践活动。

足球嘉年华活动马上就要举办了，幼儿如火如荼地准备着。他们亲手设计邀请函邀请家长参与活动。家长了解了活动内容后，积极配合，出谋划策，有的来园指导，有的提供表演服装，有的争做志愿者……家长还在家里和幼儿一起练习足球游戏和技能，带幼儿去体育场观看足球赛。

在幼儿与家长一起准备足球嘉年华活动的过程中，幼儿对幼儿园的活动产生了更加浓厚的兴趣，将家中的“练球心得”带到幼儿园与同伴分享；家长也加深了对足球嘉年华活动的了解，在日常生活中更多地与幼儿进行足球练习与其他亲子运动。家庭生活与学校生活相互渗透，深化了幼儿园公共区域活动和实践活动的融合。

4. 访问、邀请园外人员，强化家、园、社联动

在公共区域活动中，幼儿根据活动需要，通过亲子实践活动、调查等方式走进社区，既可以用“走出去”的方式获得社会性新经验，也可以用“请进来”的方式将社区资源引进来。幼儿在公共区域活动中遇到困难时，除了走进社区获得经验之外，也可以将相关的工作人员请进校园，面对面地获得新经验。

清明节到了，幼儿在生活体验室制作青团，大家在尝试制作青团时遇到了问题：糯米和水的比例怎么调？青团怎么做？豆沙馅怎样才会不漏出来？曦曦说：“我奶奶做青团可厉害了，她做的青团既漂亮又好吃。”为了让幼儿更清楚青团的制作方法，老师邀请了曦曦的奶奶来助教。在奶奶的帮助下，幼儿学会了如何揉粉、如何搓青团，获得了新经验。

尽管教师是专业的教育者，但“教育即生活”，教师作为个体无法在所有的领域为幼儿呈现专业、丰富的活动，但园外的“专家”可以填补这一空白。除日常的家长助教之外，思贤幼儿园还会在“足球爸爸”等活动中统一邀请每班擅长足球竞技的幼儿家长进入幼儿园，与幼儿一同进行足球游戏。

本章重点总结

1. 公共区域活动的实施应具有安全性、目标性、参与性、灵活性及趣味性。

2. 教师在进行幼儿园公共区域活动的观察与指导时应注意其适宜性、对时机的把握及关注幼儿的全面发展。

3. 评价的类别主要有动态化评价、情景化评价和多元化评价。

4. 幼儿园公共区域活动是开放的，每一个公共区域活动都应与班级区域活动、其他公共区域活动及社会实践活动相融合。

第四章 共生：幼儿园公共区域活动的价值发现

第一节　护航幼儿成长

一、促进幼儿的全面协调发展

公共区域的活动内容丰富、形式多样，强调发展幼儿的多元能力。虽然不同类型的公共区域活动中渗透着促进幼儿多领域发展的关键要素，但不同公共区域活动对于幼儿发展的具体影响各有侧重。以下从五类公共区域活动着手，介绍幼儿是如何通过多元化的幼儿园公共区域活动实现全面发展的。

（一）混龄跨区交流：促进幼儿社会技能发展

1. 人际交往能力

在混龄公共区域活动中，幼儿脱离了班级的限制，与班级之外不熟悉的幼儿、教师甚至不同家长进行交流与沟通，这对幼儿的人际交往能力是一种全新的挑战。

在混龄活动中，最受欢迎的材料的数量往往不能满足所有幼儿，因此幼儿在此过程中能逐渐学会分享与轮流使用玩具材料，并形成一定的方法策略；当幼儿自发性地提出新的游戏方案，他们还需要尝试用多种手段吸引路过的陌生同伴参与自己设计的游戏活动；如果幼儿想要参与其他幼儿的游戏活动，他们也需要练习有关自我介绍、玩具交换等的人际交往技巧。

安安在班级中并不经常与同伴主动进行交流，他总是会在班级区域活动中独自找一个地方安静地坐下来玩。班级中的其他幼儿对此也习以为常，因此在班级区域活动中也较少“打扰”安安。

但最近，安安迷上了当班级美食店的营业员，老师有些惊讶，因为这是一个非常需要与同伴进行语言交流的活动角色。究竟是什么原因让安安发生了这一转变呢？原来，在参加小镇长廊的混龄活动时，与安安并不相识的幼儿总是会到店铺中向安安询问各种问题，如“这个青团怎么卖？”“袜底酥是甜的还是咸的？”。由于一时没有其他人帮忙，因此安安只得回答顾客的各种问题，当起“营业员”。在小镇长廊当“营业员”的体验让安安认识了不少新朋友，也让他慢慢愿意主动在游戏活动中承担需要更多言语交流的角色，开始主动邀请同伴加入自己，还与同伴一起改进店铺的装修。

从上述案例中可以看出，跨龄活动中的“陌生人际关系”会打破幼儿原有的社交舒适区，促使幼儿在新的社交环境中调整自身的状态，不断适应新环境。在班级区域游戏中，由于同班的幼儿已经很熟悉安安“喜欢独自游戏”的偏好，因而他们并没有改变安安原有的活动状态；在公共区域的跨龄活动中，幼儿彼此不熟悉，这让安安不得不走出原有的社交舒适圈，改变自己的活动方式来适应新的活动环境。

2. 社会认知

公共区域活动，尤其是连廊公共区域活动，往往具有较强的游戏情境性，而这种情境性来源于幼儿园外的实际社会情境。因此，要顺利地进行公共区域活动，幼儿就需要了解不同假想社会情境中的规则。以小镇长廊为例，思贤幼儿园的小镇长廊脱胎于本地的盛家库老街，由不同的特产店构成，极具本地特色。幼儿在小镇长廊中进行游戏时不但需要了解实际生活中进行买卖的基本规则，还要解决商业店铺运营的简单问题：如何设计受人欢迎的旗袍？麦芽塌饼、青团和袜底酥是每个季节都会贩卖的吗？怎么摆放商品？怎么吸引顾客？要解决这些问题，幼儿会自发地去了解周围的社区与本地文化传统，并在游戏中不断加深对相关活动规则的理解。

小镇长廊里新开了一家糕点店，因为糕点种类少，所以生意一直不好。回到班级中，大家想起自己放学光顾的糕点店生意火爆，于是有幼儿提议去看看真正的糕点店与幼儿园的糕点店有何不同。

在家长的陪同下，幼儿去了林家铺子、梅家铺子等传统糕点店，了解了本地糕点的不同种类。为了迎合不同顾客的喜好，糕点店通常还会制作口味不同的不同类糕点。糕点店的老板还会通过张贴活动海报等方式告诉顾客时令糕点上新等情况，以吸引更多的顾客。

幼儿将在糕点店的所见所闻进行了分享与交流，并一起丰富了小镇长廊糕点店的美食种类，还在生活体验室尝试制作了简单的青团。在这段时间内，幼儿对本地糕点如数家珍，不但了解了具体的糕点品种，而且知道了它们的简单做法与售卖季节，成了介绍吴江美食的小行家。

公共区域活动既是连接社会与园内教育的桥梁，也是幼儿由学校教育之“点”去了解校外生活之“面”的契机。通过小镇长廊糕点店的活动，幼儿系统地了解了平时并没有留意的本地糕点，通过手工制作、烹饪等多种方式加深了对传统饮食文化的理解。

3. 社会情感与社会归属感

在日常的班级活动过程中，幼儿通常只能够与班级及班级周围的空间区域或群体发生互动，幼儿园公共区域的混龄活动将幼儿在园的探索范围扩大到了全园，为幼儿熟悉幼儿园的整体环境提供了机会。一方面，幼儿不再只属于一个班级，还属于游戏活动中的大集体。在创设公共区域环境和开展活动的过程中，幼儿融入群体中，能够体验到个人对集体的影响和集体活动对自身的关怀。在此过程中，幼儿能够认识到自己与集体的关系，更加熟悉集体中的不同角色。另一方面，在日常的公共区域活动中，幼儿也能够快速地通过如“节日集市”“六一游园”活动了解幼儿园内的空间分布，增强自身的社会归属感。

（二）多区户外运动：促进幼儿身体机能发育

户外综合运动区为幼儿提供了充足多样的锻炼器材及宽阔的运动空间，可以有效促进幼儿的身体机能发育，尤其是大肌肉的发展。

1. 跑步发展

在户外公共区域进行晨、午间锻炼时，教师会与幼儿共同组织、开展集体游戏。如切西瓜、老狼老狼几点钟等户外集体游戏，包含快跑、追逐跑、侧身跑等多种跑步练习方式，能够将跑步变得更具趣味性，同时有效地发展幼儿的身体灵敏度与肢体协调性。此外，快速跑形式的游戏能够提升幼儿的心肺功能，增强其有氧运动能力。

2. 跳跃发展

在情境化的户外体育锻炼中，幼儿会伴随动感音乐自由跑跳，通过扮演不同的动物角色进行跳鞍马、立定跳远等活动，或自由探索不同的跳跃方式。户外公共区域也提供了竹竿、低矮障碍物等辅助跳跃的器械，帮助幼儿更好地练习各种跳跃动作。

3. 投掷动作发展

思贤幼儿园是全国足球特色幼儿园，在日常体育活动中为幼儿提供了丰富的球类运动资源。在进行球类运动的过程中，幼儿会进行投篮、传接球、拍球等方式的投掷练习。幼儿园在户外阳光运动区不仅为幼儿提供了儿童篮筐，布置了符合幼儿身高要求的投掷靶子，方便幼儿进行投掷游戏。

4. 钻爬能力发展

幼儿园利用户外公共区域地形和采购运动器械为幼儿提供了练习钻爬的条件。年龄较小的幼儿尤其喜欢钻爬活动，他们在看到低矮的物体或平坦的地面时往往会自主、自发地进行钻爬。幼儿园在小山坡处设计了两个供幼儿钻爬的隧道，幼儿可以通过隧道往返于山坡的两边；综合运动区中央的大型海盗船滑梯组合上也有钻爬设计，其北面的“长龙”也是幼儿日常进行钻爬游戏的地方。

此外，教师还会根据幼儿的兴趣在比较平坦的户外公共区域地面组织幼儿开展不同形式的，涉及侧面钻、正面钻、钻山洞与手膝着地爬、匍匐爬、侧着爬、转圈爬等动作的体育游戏，以富有趣味性的方式提升幼儿的钻爬能力。

（三）多样展示活动：提升幼儿语言表达力

语言是幼儿在日常生活中与他人交流信息、进行思考的重要媒介，学前期是幼儿语言发展的重要时期，为了促进幼儿的语言发展，幼儿园在公共区域活动中提供了丰富多样的相关活动。

1. 谈话经验

在自由、自主的公共区域展示性混龄活动中，幼儿需要面对自己的班级、年级以外的陌生人。对于幼儿来说，必要的交谈技巧是他们参加不同公共区域活动的必备技能。

在参加新的公共区域活动时，幼儿需要集中注意力观察、倾听区域内其他幼儿的谈话，以了解区域活动的基本规则。在他们进入新的区域活动中，幼儿还需要通过提问等方式向他人寻求更多信息，解决自己在活动中的疑惑。如果是思贤小舞台等公共区域情境扮演性质的活动，幼儿还需要根据自己和他人的角色、游戏设定的情境来调整自己的具体语言，在活动中积极、礼貌地回应他人的话语。

2. 讲述能力

作为不同公共区域活动的“主角”，幼儿在活动中需要向他人介绍自己所参与活动的规则。以小镇长廊的活动为例，负责不同店铺的幼儿在活动过程中能够倾听“顾客”的需求，并且用他人能够理解的语言介绍自己所在店铺的产品，为“顾客”讲解店铺的活动。教师引导幼儿清楚、准确地介绍自己售卖的产品，增加社交互动，让小镇上店铺的活动变得生动、有趣又好玩。

除了提供同伴之间进行互动讲述的练习机会，思贤幼儿园还为幼儿提供了在集体面前讲述的机会。在思贤幼儿园的幼儿阅览室内，幼儿为同伴讲述自己喜爱的绘本故事，并且及时获得反馈；在思贤小舞台的表演中使用丰富、生动的语言清楚地讲述故事，表现人物对话，活跃思维，让自己更加自信。在类似形式丰富的活动中，幼儿能够学习使用一些表示因果、假设等结构相对复杂的句子，逐步提高其讲述故事的水平，这让幼儿变得乐于去表达、善于去表达、主动去表达。

3. 写画能力

对于处在前书写阶段的幼儿来说，写画既可以让他们表达自身想法，也为幼儿后期正式学习书写打下基础。在思贤幼儿园的不同公共区域中，幼儿都有充分的机会进行阅读、写画活动。

写画往往与书籍阅读活动结合在一起，因此思贤幼儿园在不同的公共区域投放了与对应公共区域相关的绘本，幼儿可以随用随取、随取随用。幼儿园在幼儿阅览室内还专门创设了供幼儿进行写画的区域，满足幼儿在阅读过程中的临摹需求，或让幼儿自主、自由地创作。

此外，在不同类型的公共区域活动中，幼儿也需要运用写画的方式来丰富活动内容。在创意美术室中，幼儿侧重使用不同材质的绘画材料进行自由写画；在科技长廊、“自然博物馆”等侧重科学领域探索性活动的公共区域，幼儿也可以通过写画工具来记录自己的探索过程与结果；在与教师共同创设不同公共区域环境、张贴区域规则时，幼儿能够使用充满童趣的绘画和符号来表现相应的事物。

（四）科学探索活动：增强幼儿的综合探究力

科学探究是幼儿园公共区域活动中很重要的元素，渗透在不同公共区域的活动中。科学探究活动能发展幼儿的探究欲，让幼儿掌握学习探究方法、享受探究过程，并在活动中发展有关数学、科学的相关核心经验。

1. 数与量概念的发展

小班幼儿一进入公共活动区域，就开始在游戏中练习收纳不同种类的材料，根据卡片上的点数拿取相应数量的玩具，再根据标有不同序号的“演出票”确定思贤小舞台上不同演出的顺序……这些口头数数、按数取物等活动促进了幼儿关于数与量概念的发展。

在科学探索活动中，幼儿经常对数量、种类繁多的自然物及其他类型的材料进行分门别类的归纳。相比于班级中的区域游戏，公共区域科学探索活动的材料种类更多、数量更多，对幼儿进行集合分类提出了更高的要求。此外，幼儿也会通过不同方式记录“物品”的数量，如在统计思趣园果实的个数与果树高度的过程中，特别强化了计数、数的表征等方面的关键经验，掌握了数与量的概念。

2. 空间和几何概念的发展

除了上述提到的口头数数、给物说数、按数取物、掌握数概念等，幼儿还能够在公共区域活动中获得关于空间与几何概念的相关经验。

在室内长廊与户外建构区，幼儿能够通过自由组合不同形状、不同大小的拼插玩具、积木，理解常见的形状与空间结构。通过创设和改变小镇长廊等实习场中的店铺、医院、邮局等游戏区域的位置，感受与体验空间方位。

在户外公共区域内，幼儿通过踢足球等包含方向感知的体育游戏与其他简单的方向指引性游戏理解空间中的距离、方位及运动路径。

在使用与更新幼儿园公共区域资源地图的过程中，幼儿需要了解思贤幼儿园各个公共区域的大致形状、位置，理解空间等比例放大、缩小的概念，逐步掌握阅读地图的方式。

3. 科学探究关键经验

（1）观察实验能力

各类科学探究实验是为了鼓励幼儿独立思考和探索，解决各种问题，在此过程中，观察并记录实验现象，发现科学的奥秘。在科技长廊中，思贤幼儿园设置了专门供幼儿开展科学实验的实验区。实验区提供力学、光学、声学等操作材料。实验区的探索材料会根据幼儿游戏水平和已有经验定期进行更新、调换，以满足幼儿探索实验的需要。

举例来说，幼儿可以在公共区域自主使用各类实验材料，如玩具小车和坡道等重力实验材料，在观察小车在不同坡度上运动的过程中，幼儿可以了解到不同角度对物体运动产生的影响。另外，通过使用光学实验材料，如凸透镜或色彩塑料片，幼儿可以直接观察并体验到光的折射和分光现象。在探究不同科学规律的过程中，幼儿会依据操作单对实验过程及其结果进行仔细的观察，以探究形成不同现象的原因。

（2）设计制作能力

公共区域的各类科学探究活动对培养幼儿的科学兴趣、合作意识、创新精神等方面的综合素养有着重要的意义，除上述有助于实验观察能力的发展之外，更多助推了幼儿设计制作能力的发展。

一方面，设计制作能力体现在幼儿对活动材料的设计、补充上。在创设公共区域环境的过程中，幼儿需要根据活动变化对公共区域环境中的材料进行不定期的更新，因此幼儿需要在教师的支持下解构活动需求，自己设计并制作各类游戏中所使用的物品，如小镇长廊中的各类服饰、锡器，以及玩木区的各类木工作品等。

另一方面，设计制作能力体现在幼儿对活动方案的设计上。在公共区域活动，尤其是项目探究活动过程中，幼儿需要自己设计活动内容并制订出下一步的行动方案。例如，幼儿在沙水区挖掘河道时，就自主绘制了多版本的“施工图”；在思趣园，幼儿通过记录果树结果的情况设计出摘果的不同方案，为丰收做好准备。

（3）科学知识关键经验

关键经验是对幼儿长远发展具有重要作用的经验。在思贤幼儿园的公共区域活动中，幼儿能够获得关于生命科学、物质科学、地球与空间科学等科学知识的关键经验。

思贤幼儿园的户外公共区域种植了各类花卉蔬果，幼儿在日常的活动中能够通过绘画写生、种植采摘、烹饪等方式观察并了解植物的生长规律。在小山坡旁，思贤幼儿园还饲养了鹅、兔子等动物，幼儿可以在教师的陪伴下与动物进行互动，了解他们的外形特征与生活习性。此外，沙水区、玩石区、玩木区等区域则让幼儿有机会使用各类探索工具探究沙、水、石、木相互作用产生的结果，通过简单的实验与游戏，了解沙、水、石、木等物质的物理特性。在天气晴好时，教师还会带领幼儿到户外的自然环境中观察园内植物、动物在四季中的变化，帮助幼儿理解季节交替的规律。

（五）艺术创想活动：发展幼儿审美能力与创造力

学前教育的一项重要的任务是幼儿审美能力与创造力的发展，特别是幼儿时期，是这两种能力发展的关键期。在思贤幼儿园的公共区域，幼儿有机会通过丰富的活动去感知艺术之美，发展艺术欣赏能力。幼儿在公共区域可以欣赏到各个种类的艺术作品。思贤幼儿园在各个公共区域都投放了教师与幼儿的美术作品，如创意美术室外有不同风格流派的组画、“自然博物馆”中放置着幼儿用自然物制作的绘画作品和手工艺品，连廊中展示着幼儿的服装设计成品……幼儿被鼓励和教师共同欣赏并分享对这些作品的看法。在表演区等创造性游戏区域，幼儿在游戏中可以自主选择活动的音乐，了解不同音乐的特点与适用场合。

在活动过程中，幼儿还会与教师一起不定期地对公共区域的环境布置与材料进行替换与更新，发展艺术创造能力。具体表现在创意美术室、幼儿阅览室、“自然博物馆”、生活体验室、科技长廊等区域，幼儿可以自由地使用陶泥、颜料等丰富的材料，用艺术创作的形式记录与表达自己在一日生活中的所见、所感、所想。

二、深化幼儿的兴趣培养、特长发展

兴趣特长是指幼儿在某些方面有比同龄孩子表现更为突出的兴趣和能力。通过有针对性的引导和特长的培养，幼儿能够增强自信心，提高有效互动、社会交往等方面的素质，使自己在未来的成长过程中更具优势。

（一）培养兴趣、定位兴趣

在幼儿园的多个公共区域，幼儿参与各种活动，从专用活动室到连廊再到户外公共区域，幼儿有丰富多彩的体验。这种“轮流式体验”不仅令幼儿有机会接触不同的人、事、材料，也促使他们能够体验自己对于不同活动的喜好程度，逐渐定位个体自我的兴趣与能力特长。

在专用活动室开展艺术创作，幼儿自由地运用各种材料进行绘画、手工制作等活动。例如，某个幼儿对绘画表现出浓厚的兴趣，他可能会选择在专用活动室里尝试不同的绘画技巧，如水彩画、铅笔画或粉笔画。这样的自主选择和实践使幼儿不仅学会了表达自己的想象力和感受，也找到了自己在艺术领域的兴趣偏好。

在连廊展开社交活动，幼儿与其他小伙伴一起进行游戏、角色扮演或合作项目。例如，有的幼儿可能比较热衷于组织游戏，他们会在连廊上组织新形式的游戏活动，吸引其他幼儿参与。这样的自由体验不仅培养了幼儿的社交技能和合作精神，还帮助他们挖掘自身在领导和组织能力方面的潜力。

在户外公共区域开展体育活动，幼儿尝试各种体育运动或户外游戏。例如，某个幼儿可能在户外公共区域发现了对足球的浓厚兴趣。通过锻炼身体和参与团队运动，幼儿不仅建立起了健康的生活习惯，还培养了毅力、团队合作能力及竞争意识。

不同公共区域的活动，不同的体验，为幼儿提供了广泛的发展机会和个性化的成长路径。通过尝试不同的专用活动室活动、参与连廊社交和户外锻炼，幼儿能够找到自己真正感兴趣的领域，并培养对特定活动的浓厚兴趣。这样的经历不仅拓宽了幼儿的视野，还帮助幼儿发现了自己的潜能，对他们个人未来的学习和发展也是非常重要的。

（二）助力个性化的特长发展

每个幼儿都有着独一无二的发展路径，了解幼儿兴趣偏好后，幼儿园利用公共区域活动及家园合作等方式提供个性化的兴趣支持，对幼儿进行有针对性的指导和培养。助力幼儿在发现自身兴趣偏好后在特定的公共区域进一步丰富其相关经验，实现“个性化的发展支持”。

童童在跟随班级进入不同公共区域时积极地参与各项活动，但老师发现她总是在游戏活动中扮演着“记录者”的角色——在思趣园的涂鸦墙上画果树上的柠檬、木瓜；在“自然博物馆”描摹不同叶子的形状；在小镇长廊画出顾客想要的旗袍样式……当童童进入创意美术室后，她更是沉浸在用不同美术材料创作的过程中。相比于其他公共区域，创意美术室为童童提供了更多美术创作的可能性——更加丰富的材料能够支持童童在绘画及简单的手工创作之外进行精细化的作品装饰。多种类的材料供给支持幼儿在如绘画、泥塑等单一材料的创作外能够有机会尝试创新、综合地利用各类材料，将绘画、泥塑、折纸、布艺等多种美术创作形式结合起来，拓展幼儿在美术领域的审美与创作经验。在自由选择公共区域的活动时间段，童童常利用创意美术室的资源制作自己喜欢的作品，并与专用活动室内其他对美术有同样偏好的幼儿成为交流感受、分享美术制作经验的伙伴；创意美术室中定点观察幼儿的教师为童童提供了相比于班级美术区更为详细、系统的引导，让童童对美术欣赏与创作有了更加全面的了解。教师基于童童在园所表现出的在美术领域的发展偏好，与童童的家长进行沟通，鼓励家长在此方面为童童提供更多的有益经验，如进行更多高质量的亲子绘本阅读、陪伴幼儿参观更多美术馆与博物馆的艺术类展览等。借力公共区域活动与家园合作，童童对美术活动的兴趣愈发浓厚，审美能力与创作技巧也得到了显著提升，美术逐渐成了她的发展特长。

实践证明，特定公共区域活动中丰富、持续的资源支持为幼儿后续相关活动的开展打下了基础。幼儿可以根据观察到的特征对这些资源进行分类。同时，他们也能够提出更深入的问题，如为什么不同树叶会有不同的形状和纹理，它们与植物的生长条件是否有关，等等。通过尝试回答这些问题，幼儿培养了科学思维和实践能力，也对观察自然界与其中的植物产生了更加浓厚的兴趣。

三、促进幼儿的自我管理能力发展

（一）公共区域活动中的时间管理拓展

1. 学习估算时间

估算时间是一种时间规划的能力，能让人们充分地利用时间，减少不必要的时间浪费。在幼儿园公共区域活动中，幼儿通过估算时间会对公共区域活动中的不同任务所需的时间有一定的心理预期，能够增强幼儿对于时间概念的理解。

幼儿园公共区域活动的时间通常是有限的。幼儿在最初进行时间规划时，通常会出现活动时间结束而幼儿的游戏活动正进行到高潮的情况。幼儿一开始可能会因这一问题而感到烦恼，但随着经验的积累，他们逐渐学会了估算时间，并能够决定自己在公共区域活动的进度。

起初，幼儿可能会因为缺乏经验而感到时间不够充裕。他们可能会沉浸在各种公共活动中或者在切换任务时耗费过多的时间。然而，通过与同伴交流，接受教师指导，以及积累实际的经验，幼儿开始渐渐理解时间的价值，慢慢学会估算时间并决定自己掌控公共区域活动的进度。

通过观察和体验，幼儿开始逐步意识到完成每项活动所需的时间。他们会发现一些活动需要更多的时间和精力，而其他活动可能较为简单轻松。这种认识使他们能够根据活动的复杂性和时间需求来做出合理的选择，并按照需要进行计划和调整。

随着时间的推移，幼儿逐渐熟悉公共区域的活动安排，并开始自主地决定活动的进度。他们学会了分配适当的时间来完成每个任务，并为转换到下一个活动留出足够的时间。这种自主性能够帮助他们更好地管理自己的日常时间，提高效率。

幼儿在有限时间的公共区域活动中逐渐学会估算时间是一个积极的成长过程。随着经验的积累和自我反省能力的提高，他们体验到时间管理的重要性并提升自己的自主性和管理能力，逐渐掌握时间管理的技巧以适应不同任务和环境的要求。这种能力能够帮助他们更好地规划日程，为未来的学习和生活奠定良好的基础。

2. 学习优先级排序

幼儿园的公共区域活动时间有限，而幼儿对各种事物都充满了好奇和兴趣。在面对这种情况时，幼儿可以通过对不同事项的紧急程度、状态等进行轻重缓急的排序来确定自己的行动计划，包括选择哪片公共区域、选择哪个游戏设施。

首先，幼儿可以学会将任务和活动按轻重缓急进行排序。他们可以根据自己内心的期待、兴趣和需要，判断出自己最想尝试的活动或参观的公共区域。例如，如果幼儿对美术活动非常感兴趣，他们可能会优先选择进入创意美术室。如果他们对科学实验感兴趣，那么科技长廊就可能会成为他们的首选。

其次，幼儿可以合理安排时间参与不同公共区域的活动。他们可以平衡和评估每个活动的时间需求。如果某个公共区域的活动需要较长时间，幼儿可以优先安排它，灵活安排剩余的时间。此外，他们还能够提前了解公共区域的开放时间段，以便更好地规划自己的活动时间。

再次，幼儿可以在一个公共区域选择多个有关联的活动。例如，在科技长廊实验区活动后，他们可能会选择前往光影区，这样可以使区域活动之间具有联系性。

通过这种方式，幼儿可以更好地利用时间、丰富经验，并让不同的学习资源和机会相互补充。

最后，幼儿可以随着时间的推移反思和调整自己的行动计划。他们会与教师一起回顾在每个公共区域活动的体验，评估其中的优点和不足，并将这些实践经验应用到下一次的规划中。通过不断调整和改进，幼儿能够提高自己的规划能力，更有效地利用公共区域活动的时间，获得更多的学习和发展机会。

在有限的时间内进行幼儿园公共区域活动时，幼儿通过对不同事项按重要程度进行排序来确定自己的行动计划。考虑兴趣、时间需求和活动之间的关联性，幼儿更好地管理时间，以满足自己的需求，并从多个公共区域获得丰富的学习体验。幼儿学习在统筹兼顾的前提下，高效率地开展活动，达成目标。这种能力的发展将有助于幼儿在日后的生活和学习中更有效地规划和管理时间。

（二）公共区域活动空间管理拓展

公共区域活动是幼儿最喜欢的游戏活动之一，因此让公共区域活动空间充满生机，富有趣味性、开放性，是创设公共区域活动空间的重点之一。幼儿在公共区域活动时，不仅学会了合理分配时间处理任务，同时养成了收拾整理、收纳物品和及时调整公共区域空间布置的好习惯。这些好习惯不仅有利于公共区域空间的活动拓展，更能够将其迁移到日常生活中，在活动室和家里也能自觉地保持空间的可开发性。

1. 养成收拾、整理的习惯

参与公共区域活动能使幼儿养成收拾和整理的习惯。在这些活动中，幼儿接触到各种各样的玩具和教具，在活动结束后，他们会主动将这些玩具和教具整齐地放回原位，这不仅有助于保持场地的整洁，还培养了他们的责任感，促使他们养成良好的整理习惯。同时，这也教会了他们尊重公共财物的重要性，让他们明白每个人都应该为维护共享空间的整洁负责。

参与公共区域活动也促使幼儿养成及时打扫公共区域的习惯。在活动结束后，幼儿会意识到桌面需要清理，物品需要擦拭，地面需要清扫。这种自觉的行为不仅是对自己活动场所的尊重，也是对他人使用感受的考虑。只有养成这种习惯，幼儿才能从小就明白保持环境整洁的重要性，懂得维护公共空间的整洁是每个人的责任。

这不仅能培养幼儿整理物品的习惯，还能培养他们爱护共享空间的意识。

2. 掌握分类、收纳的方法

幼儿通过分类、收纳物品，可以清楚地记住物品的位置，从而提高自己的记忆力，培养自己细致的观察力、较强的责任感和较好的组织能力。幼儿园公共区域投放的材料种类丰富、数量较多，幼儿设计收纳柜并标上相对应的标志，根据标志将各种材料进行分类和归纳，将其整齐地摆放在相应的容器或储藏柜中。这种系统化的收纳方式帮助幼儿养成良好的整理习惯，让他们能够快速找到需要的玩具并整理好，从而节省空间，避免物品堆积造成空间浪费。

幼儿在公共区域活动中养成的这些好习惯，能够将其成功地迁移到日常生活中，特别是在教室和家庭环境中。例如，在教室，幼儿整理小书包、摆放书本和杂物等，他们明白保持教室整洁能让心情愉悦，有助于更好地合作。当回到家里时，幼儿会主动参与家务劳动，如整理房间、洗碗、扫地等，整洁有序的环境有助于提高幼儿的生活质量，增加生活的幸福感和满足感。

（三）公共区域活动中解决问题能力的拓展

幼儿是公共区域活动的主体，他们在公共区域活动中起着主导作用。在探索的过程中，幼儿会随着活动的推进，发现存在的一些问题，并寻找解决的方案。在没有现成活动蓝本参照时，幼儿就需要与同伴协商，学会解决问题和应对挑战，拓展解决问题的能力，以实现活动的有效推进。

1. 归纳、汇总问题

在预设活动内容与形式的过程中，幼儿首先学习如何对现有问题进行归纳、汇总。例如，在沙水区的“河道诞生记”这一活动中，在挖河道的过程中，幼儿遇到了这样一些困难：

倪倪说：“挖河道需要很大的力气呢！我挖不动怎么办？”

涵涵说：“大铲子我拿不动，小铲子挖起来太慢了。”

一一说：“我明明用了很大的力气去挖，我的铲子也很大，为什么我挖的河道不深呢？”

萱萱说：“我的河道也很浅，就像一条小沟。”

面对各种困难，幼儿决定把自己遇到的困难绘制成表格（表10），一起想办法解决。

表 10　幼儿的探索记录单：挖河道

我遇到的问题	经验汇总
1. 力气小，挖不动河道怎么办？	1. 任务的分配 2. 挖河道的技巧
2. 为什么挖的河道又窄又浅？	
3. 大铲子太重拿不动怎么办？	

2. 任务分配

在集体性的公共区域活动中，幼儿在共同解决某一问题时，还面临任务分配的问题。在日常的班级活动中，幼儿面对的活动内容相对具有重复性，但公共区域活动对幼儿提出了更多非常规的要求。在这个过程中，幼儿能够有更多的机会练习对新任务的拆解，并且与同伴共同讨论和协商，学会任务分配。

在前文提及的“河道诞生记”中，幼儿在归纳、汇总好问题之后便开始进行任务拆解与分配了。

老师说：“有的小朋友力气大，有的小朋友力气小，所以在挖河道的时候我们该怎么分配好自己的任务呢？怎么合作才能把河道挖得又快又好呢？”

宸宸说：“我觉得力气大的小朋友可以用大铲子先在前面挖，力气小的小朋友可以在后面用小铲子把河道修一修。”

“那在后面的小朋友修河道，可以做哪些事情呢？”老师继续提问。

乐乐说："可以在后面把河道里没有挖掉的沙子铲干净。"

洋洋说："还可以在后面把河道整理平整，让河道的形状更好看。"

楠楠轻轻地说："还可以把河道窄的地方加工一下，挖宽一点儿。"

幼儿提出了很多的好方法，所以在接下来挖河道的时候他们都根据自己力气的大小更换了适合自己的铲子，选择了适合自己的任务。

有了任务的分配，幼儿在接下来的挖河道过程中挖得更加有序，而且效率也提高了许多，有的挖沙，有的整理河道，有的把聚拢的沙子往旁边铲，大家分工合作，每个孩子都专注于完成自己的任务。

在上述案例中，教师可以看到公共区域内的集体活动让幼儿能够在解决实际问题的过程中一起商量、讨论解决问题的方法，并在此基础上对任务进行合理分配。这样的活动内容能够帮助幼儿认识到善用群体力量的重要性，同时提升同伴合作的技能。

（四）公共区域活动中群体秩序维护能力的拓展

在幼儿园的公共区域活动中，活动不仅关注个体的发展，还注重促使幼儿学会制定规则和维护群体秩序。公共区域活动通过以下两个方面增强幼儿对群体规则的认同与共同维护规则和公共区域秩序的能力。

1. 制定公共区域活动规则，增强对群体规则的认同

制定公共区域活动规则是培养幼儿秩序观念的重要途径之一。通过参与制定这些规则，幼儿能够感受到自己参与决策的权利。学前期的幼儿处在他律道德阶段，往往以成人制定的权威规则为活动衡量指标；幼儿在参与决策公共区域活动规则的过程中会与同伴、教师讨论"为什么要这样做""为什么不能那样做"的问题，从而深化幼儿对于规则背后的理解。在不同的公共区域中，都有幼儿通过绘画、书写等形式表现的规则内容。这些明确、简单易懂的规则由多个班级的幼儿共同制定，其过程具有良好的儿童视角，能够兼顾不同年龄段幼儿的特点和需求。

2. 维护公共区域活动规则，增强秩序维护能力

此外，共同维护公共区域活动规则中已制定的规则是开展公共区域活动的重要一环。幼儿在高质量的公共区域集体活动中会相互鼓励和约束彼此的行为，共同参与规则的维护。例如，一些幼儿在公共区域活动中为他人讲解应遵守的活动

规则，督促同伴遵守规则，或以自己良好的行为为他人做出榜样，引导他人共同遵守规则，等等。

在幼儿阅览室中，安安与小沐正在兴高采烈地讨论绘本故事内容，声音有些扰人。一旁的玥玥皱起了眉头。玥玥走到了他俩的旁边，说："你们别讲了，这儿不能大声说话。"安安表示知晓这一点，但说话的声音并没有减小。过了一会儿，好几个幼儿都到安安旁边表达了他们的不满。安安在大家的提醒下，渐渐安静了下来，并且还主动提醒他人在阅读时保持安静。

类似这些活动，幼儿借助同伴的力量更好地发展其道德意识，营造和谐的班级氛围，为今后个人素养的提升及维护社会文明程度奠定了基础。

第二节 助力教师发展

一、三维并举：在公共区域活动中提升课程素养

课程素养由"课程"和"素养"两个词组成，最终指向"素养"。课程素养是课程活动对教师相关素养需求的集合体，主要涵盖课程意识、课程知识、课程能力三个方面的内容。在公共区域活动的组织与开展过程中，幼儿教师课程素养的提升指教师自觉地增强课程意识、丰富课程知识和提高课程能力。

（一）在整合公共区域活动课程的过程中优化课程意识

课程意识的核心是教师在资源开发过程中的课程观，即对课程目标、内容等课程问题的基本观点和基本看法。

在思贤幼儿园创设并不断完善公共区域及其活动组织的过程中，教师通过各类教研活动不断树立更加正确、科学的课程观念。

在公共区域创设及活动组织的过程中，教师设定的课程目标逐渐具有全面性、启蒙性。[①]在公共区域活动开展的初期，思贤幼儿园开展公共区域活动的目标设定较为片面，教师与幼儿以"独立化"的眼光看待不同公共区域的活动。随着公共区域活动的开展，教师与幼儿更加关注公共区域活动与思贤幼儿园多元智能课程的融合，强调公共区域课程目标的全面性；注重利用公共区域的资源启发、引导幼儿进行丰富的探索性活动。

在创设并不断完善公共区域及其活动组织的过程中，教师所组织的课程内容

① 虞永平，原晋霞．幼儿园课程［M］．北京：高等教育出版社，2014.

也更具生活性、浅显性，课程观更加贴近幼儿的实际生活。公共区域活动开展的契机从公共区域本身的环境逐渐发展为幼儿实际生活中的问题，公共区域活动成为以浅显易懂的形式延伸幼儿生活经验的重要手段。以生活体验室的活动为例，生活体验室依据幼儿的需要为幼儿提供了各类烹饪食材与器具，它们都以最直观的方式呈现在幼儿的视野中，供幼儿选择。幼儿能够在这里自由、自主地尝试制作从家中厨房“窥探”来的美味小食，可以在这里与朋友一起讨论怎么安全地使用烤箱、蒸笼……传统的美食不再是绘本故事、多媒体图片中想象的食物，而是可以通过自己动手操作、品尝的美味。

（二）在筛选公共区域活动内容的过程中丰富课程知识

课程知识包括课程建构过程中“课程是什么”和“怎么做”等方面的知识。公共区域活动覆盖领域广泛、信息涉及面宽，且具有班本化特点，因此教师需要构建一套高效、科学的课程内容筛选机制。在创设公共区域及开展相关活动的过程中，教师不仅强化了专业课程知识理解，也拓展了教育教学相关的通识性知识。

在活动开展的初期，“公共区域”及“公共区域活动”对于思贤幼儿园教师而言是较为陌生的概念。为了筛选出合适的公共区域活动内容，教师要对以上相关概念进行科学、正确的理解，知晓它们“是什么”，而这就需要熟练把握与之相关的幼儿园区域游戏、课程结构要素等关键和核心的概念。在厘清相关专业概念的过程中，教师进一步明晰了对幼儿园教育教学内容的理解，走出了如“公共区域活动即有更大活动空间的班级区域游戏”等狭隘的概念理解误区。

除强化专业知识理解、完善专业知识结构之外，教师还丰富了与课程内容相关的其他通识性知识。由于各公共区域所涉及的领域有所不同，因此教师在组织幼儿开展公共区域活动时需要必要的通识性知识储备以回应幼儿的各类问题：如何搭建“昆虫旅馆”中昆虫的家？思趣园中种植的树叫什么名字？在泥巴厨房中，加多少水才能让泥块不糊手但也不开裂？……只有教师真正熟悉公共区域活动的实际操作过程，并储备各类通识性知识，才能顺利地引导幼儿开展活动。

（三）在开发公共区域活动资源的过程中提升课程能力

课程能力包括教师在资源开发中的课程设计与规划能力、课程实施与组织能力、课程创生能力、资源开发整合能力、课程评价能力等。公共区域活动开展组织过程中的“资源合理开发”是指教师在主导价值取向下，立足幼儿的生活与经验，对资源所蕴含的教育价值进行觉知、剖析，基于幼儿的疑惑、问题和兴趣，通过对资源的挖掘、整合、创生，将其转化为教育活动的过程。它是化“自在之物”为“为我之物”，将“自在价值”转化为“自为价值”的一种动态过程。

在公共区域活动的开展过程中，教师需要结合思贤幼儿园公共区域的实际情况对资源进行发掘、筛选与重组。以思贤幼儿园的小竹林公共区域资源开发为例，教师在此过程中发展了多维度的课程能力。

小竹林位于思贤幼儿园东南角，是一处由茂密的竹子、石头、木头组成的小路及木屋构成的原生态户外公共游戏区，内有西瓜虫、蚂蚁等动物资源，蒲公英、狗尾巴草等植物资源，还有竹扁担、竹篓、沙、石等材料资源，是幼儿接触自然、科学探究、运动写生的场所。思贤幼儿园的教师经过一段时间对小竹林资源的开发与利用，逐步形成了动态的小竹林课程资源地图。

在此过程中，首先发展的是教师的课程创生能力。幼儿在探究小竹林的过程中对思贤幼儿园的公共区域课程资源地图产生了兴趣，教师以此为活动契机引导幼儿认识地图的特征，了解地图的概念，并通过点数等方式对小竹林中的植物与各类其他物品进行盘点，形成新的资源地图。在开展资源地图中“小嫩竹做花环”的活动时，幼儿发现小竹林中麦冬草的叶子是长长、扁扁的，能用来做花环。在操作过程中，幼儿不断创新编织的方法，尝试上下交替编织、绕圈编织，教师引导幼儿拓展活动，于是，“帮娃娃家编织杯垫”的活动应运而生。

此外，教师的资源开发整合能力也得到了良好的发展。在小竹林的开发过程中，教师不仅关注幼儿个体，还借助“全收获”理念梳理出公共区域活动的多元化主体，整合幼儿、教师与家长等多方资源，拓展、延伸公共区域活动内容。例如，在竹资源开发和利用的过程中，教师引导家长自发地积极参与活动；一些家长借鉴幼儿园中的活动，周末带着幼儿到园外体验挖竹笋，更进一步丰富幼儿的相关活动经验。在开展“竹风铃”活动时，有的家长利用溧阳竹文化博物馆的资源，丰富了幼儿关于竹子的种类、竹子在生活中的运用等的竹文化知识。

公共区域活动环境创设及其活动的组织过程对于教师而言是多维度的挑战，教师通过倾听幼儿的需求，考察资源实际情况，不断发展并实现了自身课程素养的提高。

二、交流示范：在公共区域活动中提升教研能力

在创设公共区域的过程中，思贤幼儿园的教师不断更新教研的方式，借助学校学习共同体的力量，建立更加高效的教研系统。教师从采用散点式的经验式教

研，逐渐转变为通过精读、泛读结合班级、年级与园所公共区域活动实践状况的“且知且行”的教研方式。更加立体的教研新方式，既丰富了教师在实践中反思和总结问题的方式、方法，也提高了教研的效率和质量。

（一）班级示范走访：学他长

在幼儿园中，每个班级定期负责布置和维护园内的公共区域。为了保证这些区域的有效使用和吸引力，园长和年级组长会定期带领各班教师进行主题参观。参观的目的是让教师了解每个区域的创设要点，并避免一些常见的“布置误区”。

在这些参观活动中，教师有机会亲自走进不同区域，如连廊中的自然角、阅读角落及创意美术室等，深入了解它们的设计理念和功能。教师可以观察材料投放方式、空间划分布局及活动引导方法等。通过亲身体验，他们能够感受到这些区域的实际效果，了解其创设的原理。

在参观过程中，教师会直观地了解到如何避免一些常见的布置误区。他们可以看到一些成功的创设示范，如合适的隔断摆放、清晰的指示标志、丰富的材料选择等。同时，他们也会观察到一些可能需要改进的方面，如空间利用不足、材料单一、活动引导不明确等。这些直观的观察将帮助教师理解如何通过布置和创设来优化幼儿园的公共区域活动环境。

在进行参观时，教师会与园长和年级组长进行交流，并分享他们的观察和所学。在交流中，他们可以互相借鉴和启发，共同探讨如何更好地布置和维护公共区域。园长和年级组长也将提供专业的指导和建议，以支持教师在创设过程中充分考虑幼儿的需求和利益。

下文以连廊中自然角的创设走访为例做简要说明。

在某日午休时段，园长、保教主任与各班班主任从小班年级组开始巡查，一路经过中班与大班年级组的连廊，开始参观每个班级的自然角。每经过一个班级的自然角时，教师就会驻足观赏。

某班的自然角分为饲养区、种植区、工具放置区等小区域。种植区是一个小型花园，里面有五彩缤纷的鲜花和多样的植物。这个班级将自然角与自然界紧密联系起来，通过展示多样的植物、搭建观察窗口和提供放大镜等工具，激发幼儿对大自然的好奇心和探究欲。在自然角的另一侧，还有一个小巧而精致的昆虫观察站。这个班级利用透明盒子和放大镜，为幼儿提供了观察昆虫的机会。幼儿可以清楚地看到蝴蝶、蜜蜂和蚂蚁等小生物的细节，并在教师的引导下学习它们的生命周期和特征。

通过观察这个成功的案例，教师可以学习到以下几点：首先，自然角需要有明确的分区；其次，教师需要为幼儿提供多样的植物和昆虫观察工具，激发幼儿对自然世界的兴趣。最后，通过观察和研究，帮助幼儿培养对大自然的热爱之情。

在参观的过程中，各个班级的教师会为其他人介绍自然角设计的理念、创设过程与要点。最终，教师都能在高强度的参观过程中直观地了解到每个年级组、每个班级布置自然角的特点。

通过借鉴这些成功之处，教师可以将它们应用到自己班级的自然角之中。他们可以选择多种植物，营造出一个种类丰富、色彩缤纷的花园。同时，也可以提供各种昆虫观察工具，并引导幼儿观察、研究和了解这些小生物。通过这样的布置和引导，教师能够不断提升自己的专业技能，并为幼儿提供更有吸引力和富有挑战的公共区域活动环境。这样的案例学习有助于教师不断探索，并改进自己的教育实践，提高教学实践的质量和教育效果。

（二）年级研讨评比：辩要点

集体走访参观后，思贤幼儿园以年级组为单位对公共区域活动环境创设及活动组织开展后续的研讨。全园走访参观能够为教师留下直观的对公共区域创设的直接了解，但是，对于“为什么这么做”“如何根据不同年龄段幼儿进行区域创设调整”等问题还需要进一步明确。

在梳理走访参观期间总结出的公共区域活动环境创设基本原则的基础上，教师在组内提出各自的疑问及心得，同年级教师进行小组研讨，梳理出大家认同的符合公共区域活动环境布置及活动开展的要点，并系统地进行记录。

具体的年级研讨流程及内容可以表 11 中的内容作为参考。

表 11　关于公共区域活动环境创设的年级研论流程

序号	流程名称
1	确定关于公共区域活动研讨的主题
2	拆解主题，提出关键问题
3	教师就关键问题进行讨论，梳理总结要点
4	明确年级组内后续如何改进公共区域教学实践

（三）园内分享探究：明方向

尽管年级组内的研讨分享能够帮助教师明确公共区域创设及活动实践的要点，研讨人数少，更具灵活性；但园级分享活动更能够集思广益，通过更多的形式拆解公共区域活动实践内容，将难点逐个击破，从更高位的视角为教师指明方向。

下文从三个方面对思贤幼儿园园级分享的形式进行介绍。

1. 定期的分享交流会议

园内分享探究是幼儿园教师利用公共区域活动提高课程实施质量最为重要的方式之一。定期召开园内分享交流会议，各年级派出代表分享各自在公共区域活动中的实践经验和成果，同时也帮助教师明确同一公共区域内不同年龄段幼儿的差异化需求。在分享交流会议中，教师可以深入探讨公共区域活动的环境创设、材料投放、活动中的师幼互动要点及活动组织开展技巧等多方面的资源收集和利用情况。通过与他人的交流和合作，教师能够更加全面地了解公共区域活动的关键要素和有效实施方法。

分享交流会议不仅为教师提供了一个互相学习和受启发的平台，也为教师提供了不断提高自身专业水平的机会。

2. 读书小组与实践研讨

思贤幼儿园有多个读书小组，每一个读书小组在不同的学习会上结合公共区域实践的痛点阅读不同的专业书籍。读书小组由园内高层次人才牵头领读，园内教师可以根据自身需求报名不同的读书小组进行研讨式阅读。

近年来，思贤幼儿园聚焦公共区域活动实践中的师幼互动问题开展了一系列的读书活动，阅读了《有力的师幼互动——促进幼儿学习的策略》《小沙子　大世界——幼儿园玩沙活动设计与实施》等实用性较强的专业书籍。读书活动的形式包括自主阅读、小组阅读研讨、读书沙龙分享等，教师可以自主分享自己对于公共区域活动的见解和心得体会；读书小组活动的阅读内容包括指定精读书目、拓展同类书籍及最新文献。读书小组还可以定期举行讨论会议。在读书活动之外，不同的读书小组还会定期以阅读总结内容为导向，引导教师开展现场观摩等实践活动，通过“在做中学”“在学中做”的形式增加教师对书籍内容的理解与对教学实践的反思。

读书小组的活动既有广度，也有一定深度，能够开阔教师的视野，帮助教师获取更多的理论知识和实践经验。通过读书小组的活动，教师将不断提升自身的专业素养和教学水平。

3. 高校专家指导

寻求专家指导是教师提升公共区域活动实践的重要途径之一。思贤幼儿园与南京师范大学、苏州幼儿师范高等专科学校等进行合作，邀请相关领域的专家到幼儿园进行实地勘查，并给予讲解和指导。专家会根据幼儿园的具体情况，对创意美术室、科技长廊、小镇长廊和综合运动区等公共区域活动环境的创设与活动开展提供专业建议和指导，帮助教师更好地改进公共区域活动的实践细节，提高教师的理论水平。

通过以上三个层面的教研活动，教师不仅能够不断基于公共区域活动的丰富资源完善主题课程框架和内容、提升自身的教育实践素养，做到实践与理论并行，为幼儿提供更加多样化、富有趣味性和实践性的学习体验；也能够在创设公共区域的过程中，持续依据教学实践的变化锚定新的教研重点。

随着思贤幼儿园公共区域活动的不断开展，教师积跬步而行千里，阶段性地在实践中寻找具有价值的“小问题”：从各公共区域的空间布置到材料投放要点，再到公共区域的活动组织原则与师幼互动具体策略，教师能够在实践中不断更新教研内容，逐步解决环环相扣的实践障碍，有意识地在教研过程中提高“发现并解决”新问题的意识与能力，在教育实践中落实，从而促进幼儿的全面发展和成长。

第三节　提升保教质量

一、提升合作探究式的师幼关系质量

公共区域活动有助于建构更为科学的探究式的师生关系。首先，相比于班级区域活动，幼儿在公共区域活动中享有更大的活动自由度。在混龄公共区域活动过程中，幼儿可以自主选择自己感兴趣的公共区域，来往于不同的空间、群体之间。这种高自由度也让公共区域的活动具有更加丰富的形式与内容。

高自由度的公共区域活动鼓励幼儿跳出已有的、模板式的行动框架，综合使用各区域的材料，充实活动内容。一方面，由于公共区域活动自由度高，幼儿没有现成的预设活动框架的参考与支持，因此他们需要更加自主地推进活动的开展；另一方面，幼儿能力有限，他们自己的能力往往不能够支持他们持续推进活动的进程，因此需要教师的帮助。在指导幼儿的过程中，教师需要“走在幼儿之前”，但幼儿园公共区域活动中的各类活动发展脉络往往并不在教师已有的活动组织经验范围内，因此教师需要在各类公共区域活动中与幼儿一起面对未知的难题，及时敏锐地觉察幼儿的需求，并以适当的方式对他们的需求进行应答，帮助幼儿解决他们在探索过程中遇到的各种困难，从而形成探究式的师生关系。

公共区域活动的开展为师生之间的互动提供了丰富的机会，不仅促进了师生间的情感交流，还培养了学生的自主学习能力和问题解决能力。通过这种探究式

的师生关系，教师可以更好地了解每个学生的兴趣、特长和学习需求，有针对性地引导学生进行深度学习和思考。

因此，公共区域活动为建构探究式的师生关系提供了宝贵的机会，使教师能够更加贴近学生、更好地促进他们的全面发展。在这样的教育环境中，师生之间的互动不仅仅是知识传授的过程，更是情感沟通和共同成长的过程。

二、多维度提升园本课程的适宜性

园本课程是以法律法规及相关政策为指导，以幼儿园现实的环境和条件为背景，以幼儿现实的需要为出发点，以幼儿园教师为主体构建的课程。适宜性是园本课程最根本的特性，[①]它的形成有赖于园本课程建设的过程，公共区域活动是其中至关重要的一环。

（一）增强园本课程的总体性、综合性

公共区域活动能够促进园本课程内容的调整，增强其总体性、综合性。

自由的公共区域活动为教师呈现了幼儿更为真实的一面。各班教师能够根据幼儿的自主选择，了解幼儿的兴趣偏好、发展优势及薄弱之处，并基于现状对课程做出及时的调整，使得公共区域课程拥有更加贴近幼儿发展需求的内容比例，更加具有总体性、综合性。举例来说，教师在公共区域活动中发现更多幼儿对幼儿阅览室内中华传统美食的绘本更感兴趣，或是喜欢在生活体验室进行烹饪活动，教师就可以修改已有的关于传统节日主题课程内容，适当丰富食育内容，增加美食制作类活动的比重，让幼儿能够通过更感兴趣的活动获得课程中的关键经验。此外，每班教师可通过年级组与全园分享活动反映各班整体状况，进一步对全年级、全园幼儿的发展情况做简要分析，根据分析结果调整园本课程内容的比例，并对已有内容进行合理的增加与删减，使园本课程的内容更贴合本园幼儿发展的需求。再者，课程形式的创新也得益于公共区域活动的开展。由于公共区域活动形式灵活，不拘泥于既定框架，因此幼儿在公共区域活动中更易创新活动形式，丰富课程的开展。思贤幼儿园在开展幼儿公共区域活动的过程中不断记录、积累幼儿的活动案例，最终形成了易操作、易实践的公共区域实践方案集。

（二）丰富园本课程各类配套设施

公共区域活动的开展还有助于园所对课程整体相关设施做出完善。随着课程

① 虞永平．学前课程与幸福童年［M］．北京：教育科学出版社，2012.

内容的调整，幼儿会对园内的设施提出新的要求，而园所可据此不断调整、改进已有的设施布置。在思贤幼儿园的户外公共区域活动开展的过程中，部分幼儿对昆虫产生了浓厚的兴趣，各年级教师根据幼儿感兴趣的探究问题在公共区域新增了适合其观察各类昆虫外形、习性的活动设施——“昆虫屋”；幼儿在公共区域活动中展现了对泥水活动的兴趣，教师与幼儿便在现有的玩泥区旁增加了能够支持更丰富活动的“泥巴厨房”活动区域；当幼儿表现出对爬树的兴趣时，思贤幼儿园增加了方便幼儿攀爬登高的树屋。通过设施的完善，幼儿园能够进一步延展课程活动的空间，以更合适的设施配合园本课程的开展。

（三）提升课程评估的科学性、准确性

随着学前教育的发展，当前保教评估范围不断拓展，从关注学科领域的活动质量、集体教学活动质量转向了更加日常的一日在园生活。相比于高结构的集体教学活动，幼儿的一日在园活动更多元化、更自由。

《幼儿园保育教育质量评估指南》对保教质量的评估更加倾向于对一日活动，即非集体教学活动中的师幼互动关系的评估，而公共区域活动开展体系能够呈现幼儿在高自由状态下的行为表现，更好地帮助教师了解幼儿在自然状态下的情况，从而进一步有针对性地根据幼儿的特质提升师幼互动质量。师幼互动是教师影响幼儿发展的一种重要形式。根据文化建构理论的观点，良好的师幼互动能够在幼儿的最近发展区内为幼儿提供适宜的发展支架。在此过程中，教师需要较为准确地掌握幼儿的发展水平，并据此结合开展各类活动的实际条件为幼儿提供相应的支持。

要为幼儿提供更加适宜的发展支持，就意味着教师要能够更加准确地把握幼儿的发展状况，能够根据幼儿的活动抓住他们发展的关键节点。教师对幼儿发展规律的了解、对不同领域中核心经验的掌握在教师评估幼儿发展水平的过程中都起着举足轻重的作用，而公共区域活动能够帮助教师有效地提高这两个方面的水平。

思贤幼儿园的教师在观察公共区域活动时注重“定人”与“定区”两种方式。“定区”观察指教师不跟随特定群体的幼儿进行活动，而是留在公共区域的某一空间，对自由进出的幼儿的行为进行观察评估。这可以有效地帮助教师修正、丰富对幼儿发展规律的了解。因此，在公共区域活动中，教师通常能够接触到自己班级以外的更多幼儿。在日常的班级活动中，教师往往只与自己班级的幼儿接触，这也意味着教师可观察的幼儿样本人数较少，在某种程度上，班级幼儿的特质会影响教师对于幼儿整体发展规律的理解。但在混龄、混班的公共区域活动中，教

师能够在短时间内接触到不同班级、不同年级的幼儿，有机会直观地了解到不同群体幼儿之间的发展特性与差异。大样本的观察对象可以纠正教师原有的对幼儿发展认知的谬误。

除了可以得到相对数量的幼儿行为观察样本，思贤幼儿园“定区”式的观察评估方式让教师能够在一段时间内对某一类型的活动进行持续性的了解，掌握在特定领域内的活动开展要点与幼儿发展的核心经验。与班级活动区域相比，思贤幼儿园的公共区域活动空间更为广阔，提供的活动材料也更为丰富，能够支持幼儿跳出既有框架进行更多类型的相关活动。因此，教师可以了解幼儿在不同活动情境中的表现，同时掌握不同类型活动开展的要点。现以美术领域活动为例进行简要说明。

班级美术区角活动偏向小型手工制作、绘画活动；而且班级美术区角的材料有限，一般仅有基础的美工材料及少数班本化的临时补充材料，教师能够观察到的艺术作品也局限于本班幼儿的作品范围。相比之下，创意美术室有较为明确的操作分区：编绕区、自然创意区、巧手布艺、色彩天地、管天管地和千“纸”百态。在这些区域，教师能够观察到各种类型的美术活动，并知晓针对不同活动如何投放不同的材料以形成一定的层次性。在“定区”观察幼儿的过程中，教师还可以直观地比较出不同年龄段幼儿在同一类活动中的不同表现，从而加深对幼儿在同一领域的普遍发展水平与个体化发展差异的了解。基于不同公共区域活动的实践情况，思贤幼儿园还会开展一系列“定区”研讨活动，帮助教师理解不同公共区域空间的创设与活动组织。

“定人”观察是指教师选定特定的幼儿个体或小组，持续跟踪观察他们在公共区域活动中的行为表现、互动交流以及学习发展情况。在“定人”观察过程中，教师会提前确定观察对象，可能是某个在行为表现上较为特殊的幼儿，如性格内向、难以融入集体活动的幼儿；也可能是某个具有代表性的幼儿小组，如在游戏中表现出较强合作能力或领导能力的小组。

在观察过程中，教师会详细记录幼儿的行为细节，包括他们在选择活动区域和材料时的偏好，在活动中的专注程度、遇到困难时的反应以及与同伴的互动方式等。例如，当观察一个性格内向的幼儿时，教师会关注他如何与其他幼儿建立联系，是主动寻求合作还是等待他人邀请；在遇到困难时，是独自尝试解决还是向他人求助。通过持续的观察，教师可以深入了解该幼儿的发展需求和潜力，为后续的个性化教育提供依据。

对于选定的幼儿小组，教师则会重点观察小组内的分工合作情况、交流互动模式以及问题解决策略。比如，在搭建游戏中，观察小组内幼儿如何分配任务、如何协调彼此的工作以及在遇到搭建难题时如何共同商讨解决方案。通过对这些方面的观察，教师可以评估幼儿的社会交往能力、团队合作能力以及问题解决能力的发展水平。

此外，“定人”观察还注重观察幼儿在不同活动情境下的表现变化。教师会观察幼儿在不同时间段、不同活动主题下的行为表现，以了解幼儿的学习迁移能力和适应能力。例如，观察幼儿在艺术创作活动和科学探索活动中的表现差异，分析幼儿在不同领域的兴趣和优势，从而为幼儿提供更具针对性的教育支持和引导。

“定区”与“定人”这两种观察方式相辅相成，都可以丰富教师评估经验储备，提升教师评估与组织幼儿各类活动的水平，从而保证幼儿园课程评估的科学性、准确性。

本章重点总结

1. 幼儿园公共区域环境创设促进幼儿的全面协调发展，深化幼儿的兴趣培养、特长发展，促进幼儿的自我管理能力发展。

2. 幼儿园公共区域环境创设有效提升课程素养及教研能力。

3. 幼儿园公共区域环境创设提升合作探究式的师幼关系质量，多维度增强园本课程的适宜性。

第五章 幼儿园公共区域活动的现存问题与未来展望

第一节　幼儿园公共区域活动的现存问题

当前幼儿园公共区域活动的内容和形式逐渐丰富，理念更加科学，但是在教学的实际过程中，仍然有部分值得反思与改进的地方。本部分内容从当前幼儿园公共区域活动存在的弊病出发，从以下四个方面进行简要的阐述。

一、“退位”的幼儿主体性

“儿童本位”是幼儿园教育中老生常谈的话题，也已经成为幼儿园教育工作者心中的共识。在创设公共区域环境、预设公共区域活动之时，教师都会秉持“儿童本位”的口号，但是在实际的操作过程中，幼儿的主体性仍然出现被迫“退位”的情况。

幼儿主体性“退位”的主要原因是教师过于追求“完美”，它大致可以分为两个方面。

一方面是为了追求公共区域活动前期准备的“完美”。首先，在课程游戏化进程中，教师的环境观已有改变，建立了回归儿童立场创设公共区域环境的意识，知道要通过倾听与支持，引导幼儿用自己的方式创设可看（看见学习的过程）、可探（可以探究）的环境，但这一全程参与的理念在行为落实过程中存在偏差，教师在不断发现幼儿的已有经验、兴趣点后，希望将自己预设的内容、材料全部呈现在公共区域活动环境中，以便能更好地引导和支持幼儿主动探究。这种“完美”的准备反而限制了幼儿的参与。而在理想的“儿童本位”的公共区域活动情境里，幼儿应与成人共同扮演着公共区域环境创设者的角色。其次，盲目追求“自由”会致使教师的过度介入，教师在公共区域活动中的过度介入则无法支持幼儿通过自主参与环境、材料探索而有效提升自身发展水平这一目标。常见的盲目追求儿童自由、自主的表现包括在幼儿前期经验及现有发展水平未达到相应要求时投放过高比例的低结构材料。幼儿园在公共区域活动中经常会通过投放低结构材料的方式鼓励幼儿在自主探索中进行自由创造，但忽略了低结构材料投放的比例。当幼儿现有的经验不足以支持他们自行在活动中开展持续探索时，成人便被动卷入幼儿的活动之中，以支持幼儿活动的继续开展。

另一方面是为了追求公共区域活动成果的“完美”。许多园所在生成不同类型公共区域活动的过程中，往往希望活动成果呈现出一种“尽善尽美”的状态。事实上，吸引成人眼球的活动从本质上讲是一场“演出”，它们需要成人站在虚假的儿童视角对幼儿进行各方面详尽的指导，这甚至导致了包办替代现象的出现，幼儿则要按照成人的逻辑和意志去行动、思考。活动结束后，幼儿作品的展示从很大程度上讲也是成人“精挑细选”的结果，单纯利用这些作品布置环境，即“重结果轻过程”。此类做法不利于幼儿园公共区域活动科学化发展及幼儿在公共区域活动中的健康成长。从儿童视角来看，公共区域中预设的活动并不等于高结构活动，成人可以鼓励幼儿在活动中不断自我卷入、自我创造、自我完善，给予幼儿自我探索、学习的空间，关注活动过程中幼儿生成的、变化的东西；同时，幼儿生成的行为也可以转化为教师预设的活动，使公共区域活动环境反映幼儿参与课程的过程及其发展变化，让幼儿的发展“被看见”。

二、材料使用同质化

材料作为助力幼儿发展的重要媒介，给幼儿带去的经验应是丰富、多样的，这也意味着幼儿围绕材料展开的相关活动是多样、灵活的。尽管幼儿园公共区域材料种类丰富、名目繁多，但是仍然存在幼儿使用材料同质化的问题，其原因主要包括以下两个方面。

第一，一些园所在进行材料投放时已考虑到本土文化特色，以打破材料带来的“经验雷同”的问题，但仍然存在幼儿使用材料同质化的问题。这是为什么？从最表层的原因来看，公共区域特色材料种类少。在布置涉及本土文化特色的区域时，能够展现本土饮食、手工文化的各类工艺品、食品往往是主流选择之一，其他种类的相关材料涉及较少。另外，由于具有本土特色的各类材料往往没有成品，因此教师、幼儿自制的装饰性材料就成了材料投放的主体。纸艺手工、陶土、黏土作品都是展现本土文化特色的常见的自制材料。自制玩具易损坏，其观赏性往往大于操作性。若将这类自制材料看作各类艺术活动的成果，其最重要的价值与功能则是供幼儿欣赏、交流；若将这些自制的手工材料全部投入公共区域活动中，那么欣赏类的材料占比过重，材料互动性差，“看一看”成为幼儿被迫选择的、单一的材料使用方式。

第二，材料给了幼儿操作的机会，它本身的特性及由这些特性所规定的活动方式，决定了幼儿可能获得什么学习经验、获得哪些方面的发展。公共区域活动中的材料包括基础材料和辅助材料，基础材料领域性强，教师在投放时往往考虑针对幼儿发展的不同方面。例如，在助力幼儿艺术发展的创意美术室投放各类纸张、画笔、颜料；在主导科学探索的科技长廊投放沙盘、放大镜等基础探索工具；在生活体验室投放供幼儿进行烹饪活动的各类厨具；等等。教师更多地从成人视角出发，在材料的属性和种类上下功夫，部分链接到幼儿兴趣和需要，很少从不同年龄段幼儿当下的关键经验出发，去考虑材料与幼儿学习之间的关联性。不同的公共区域，发展目标不同，活动性质不同，进入其中的幼儿经验水平参差不齐，对教师来说，如何通过观察利用好材料发挥公共区域的最大价值是需要深度思考的。因此，有针对性地、有层次地投放材料，并不断调整材料梯度，做到“眼中有儿童、心中有目标”，判断其经验发展阶段，促进幼儿新旧经验的有效链接，是一线教师面临的困难。

三、相对封闭的联动

幼儿的活动是综合、全面的，那么作为承载幼儿活动的空间也应是有机联动的，能够以其整体性支持幼儿全面发展，幼儿园公共区域亦是如此。但在实际的教育教学实践过程中，幼儿园公共区域在实现“活动联动”方面还略有不足。

什么是联动？联动，即联合行动，指若干个相关联的事物，一个运动或者变化时，其他的也跟着运动或者变化。要想实现联动，首先需要确保不同公共区域是“相互关联的”。诚然，不同的幼儿园公共区域均属于幼儿园的范围内，在物理空间之内存在关联。但是，由于不同公共区域的特色、功能皆有所区别，并且在活动过程中是可以被分割独立使用的，因而从不同公共区域的内在联系上来分析，它们之间未必存在着紧密的联系。下文以幼儿园公共区域的类型为依据对幼儿园公共区域之间联动的不足之处做简单剖析。

对不同类型的公共区域而言，其开放性有所差异，但整体而言联动形式存在“僵化固定”的问题，不同公共区域之间的联动性有待增强。在日常的班级户外活动过程中，幼儿通常停留在固定的公共区域，不同功能区域之间的幼儿交流较少。专用活动室在物理空间上彼此分离，尽管不同专用活动室之间会通过一些综合性活动彼此联系，但是整体而言联动形式较为固定。幼儿通过“既定的活动形式”在公共区域活动中简单地进行联动，这使专用活动室与外界的联动内容浮于表面。户外公共区域活动场地宽阔，不同区域之间的联动性稍强，在混龄活动时能够实现幼儿群体间的共融。连廊的空间开放性强，但往往因其“自成体系”而独立于其他公共区域。

第二节　幼儿园公共区域活动的未来展望

一、去标签化：创设更灵活的幼儿园公共区域活动

（一）减弱空间的单一功能附着

1. 综合利用不同公共区域：树立“资源为解决问题服务”的意识

当前幼儿园的公共区域活动在大多数情况下还主要被限定在某一领域中，因此幼儿通常就围绕某一领域在相对固定的某一公共区域空间内开展；幼儿在很多时候是“进入公共区域，然后选择开展某一活动”，而非“想要解决某一问题，因此去使用某一公共区域的相关资源”。

以“空间”为核心开展活动可以降低幼儿思考“为什么要开展和参与这个活动”的难度，因为具有特定功能的环境已经给予了他们充足的暗示。然而，不需要经过自己思索即可以开展的活动在一定程度上剥夺了幼儿学习调用不同资源的能力——公共空间相对独立，它们更多扮演着触发特定领域活动生长的温室的角色，而不是可以被灵活调用去帮助幼儿解决问题的工具与资源。

在幼儿园中，教师注重的是幼儿的全面发展，但是这种全面并不意味着幼儿在每个领域进行浅尝辄止的探索，而更应该指向于实际生活。生活，必然涉及方方面面。如果将生活具体化，那么指向生活的教育就可以被提炼为一个又一个具体的、综合性的问题。它们不仅可以是大问题，也可以是小问题，但重要的是，这些源于实际生活的问题让幼儿能够跳出设定好的公共区域，不再局限于现成准备好的环境和材料，有机会从“全面的生活”出发，学习利用自己周边环境中的各类资源，让这些资源成为帮助自己探究不同现象、解决实际问题的工具，从而真正实现全面的发展。幼儿不是被动接受环境影响的客体，而是决定与影响环境变化、利用环境资源的主体。

基于以上理念，教师可以有意识地减少受制于幼儿园公共区域环境的情况，鼓励幼儿将生活中发现的实际问题带入幼儿园公共区域活动之中，鼓励幼儿主动了解不同公共区域的资源，将“以空间为主导”的公共区域活动转变为“以解决问题为主导”的公共区域活动。教师要引导幼儿带着问题去不同的公共区域寻找可以为自己所用的空间与材料，在往来于不同公共区域的过程中学习自主探索、

解决问题并尝试全面地进行思考，树立“资源为解决问题服务”的意识，掌握综合地调用公共区域资源的能力。

2. 增加“不定功能”的公共空间：将空间功能的定义权还给幼儿

目前，所有的幼儿园公共区域都是有相对固定的功能、用途的，如创意美术室、幼儿阅览室，就连较为综合性的连廊也围绕固定的主题开展活动。

当公共空间的环境创设完成之后，教师就会根据已经设置好的环境及其名称预先将能够在其中开展的活动限定在一个极为有限的范围内——在创意美术室，幼儿应该绘画、做手工；在幼儿阅览室，幼儿应该阅读、书写；在思贤小舞台上，幼儿应该进行角色扮演，排练有趣的节目……具有固定功能的空间在很大程度上能够帮助幼儿快速了解如何在某一领域或范围内开展相关活动，以及如何利用传统的、常见的各类材料。这样做的好处是，教师能够直观地通过引导幼儿进入不同的公共区域，并且在其中开展相关活动，确保学校教育的全面性。但是，从另一视角来看，这种直观的、设定好的、支持幼儿全面发展的空间在某种程度上剥夺了幼儿表达对空间功能独特理解的机会。

对于幼儿来说，一间房间、一块空地意味着什么？它们可以被用来做什么？我相信幼儿给出的答案一定不仅仅被限制在如今设置好的、各种教育功能明确的专用活动室、连廊和户外公共区域内。对于想象力丰富的幼儿而言，一个空间潜在的功能是无限的。

在幼儿园空间允许的前提下，教师可以不再“事事周详”地设计幼儿园中每一个公共空间的功能，并为其冠上固定的名称，而是可以考虑去除对部分公共区域的功能预设，将空间功能的定义权还给幼儿，让幼儿去决定这些空间可以用来做什么。这个空间可以用来办临时展览，可以成为大家玩捉迷藏的场地，可以被当作大的画室，也可以是……

去除公共空间的功能标签，一切皆有可能。

（二）为公共区域活动时间“松绑”

为公共区域活动时间“松绑”，意味着为个体提供更多自由进出公共区域的机会。

当前许多幼儿园公共区域活动的时间安排受限于现有的班级、班级规模，虽然能够通过“建议 + 预约”的形式确保班级轮流使用到各公共区域，使每名幼儿都有机会体验多彩的活动，但总体而言幼儿在安排表下参与公共区域活动的时间较为僵化。安排表中的公共区域使用时间是特定的，它安排的主要依据是“可以在确保不同班级较为公平地使用不同公共空间的同时维护好学校日常运行的秩序”，换句话说，“循环排班”的幼儿园公共区域使用时间安排的出发点有限，考虑的是资源使用的“公平”“效率”“秩序”，而不是资源能否最大限度地贴合幼儿的发展需求。

进一步思考，“一碗水端平”式的各公共区域使用的时间分配是否真的能够实现资源利用效率的最大化？答案显然是否定的。每个幼儿的发展偏好与速度都有差异，因此“机械化”的时间安排除确保使用公共区域空间时间长度与频率的公平性之外，并不能够满足幼儿个性化的发展需求。

尽管园所也为幼儿提供“预约”的公共区域活动时间，但这仍然主要以班级预约为主，难以满足个体的个性化发展需求。

因此，在相对固定的“循环排班”与班级“预约”之外，教师可以为幼儿提供更多以幼儿个体为单位的自由选择不同公共区域并参与其中活动的机会。换言之，允许幼儿平时自由出入公共区域，设定不固定场地的公共区域活动时间。

按照固定时间安排表开展的公共区域活动让幼儿有机会探索不同领域活动的丰富内容，了解自己对于不同领域的偏好，这体现了幼儿经验的“广度”；不固定场地的公共区域活动则让幼儿在“全面探索”之后对自己擅长、特别感兴趣的领域进行个性化的探索与学习，让幼儿园公共区域活动成为支持自身个性化发展的有力保障。

（三）为公共区域活动的空间与材料留白

总体而言，当前的公共区域空间设计，尤其是前期的设计，基本还是由成人完成的，成人决定了不同公共区域空间如何划分、功能地位如何、应该投放什么材料等一系列问题。诚然，成人在如何科学地进行空间设计方面比幼儿掌握了更多的知识与经验，能够站在一个上位者的视角评判空间规划的利弊，但是这就让幼儿失去了在公共空间创设初期的参与感——既然幼儿园的公共空间是属于幼儿的，那么幼儿为什么没有机会将环境布置为自己喜欢的模样呢？在沿袭较为传统的、有着固定功能设定的公共区域环境创设的基础上，教师可以通过一定的“留白”增强幼儿在空间创设规划中的主导权与参与感。

在空间设计阶段鼓励幼儿先行商讨和设计。在成人规划公共区域的前期，教师可以先抹去所谓的“科学布局”知识，倾听幼儿的想法——他们了解什么、想要怎样的公共区域空间、在公共区域想要投放什么种类的材料……这样做的好处是真正地从儿童视角去构想空间的更多可能性。在幼儿还没有足够的能力对空间进行设计规划时，成人可以在帮助幼儿理解公共区域划分原则的基础上为幼儿提供部分“留白空间”。部分“留白空间”可以有哪些用途呢？教师不妨俯下身听听幼儿的想法。

除空间“留白”之外，公共区域活动中的材料也可以适当“留白”。教师在使用公共区域前往往会根据幼儿的兴趣、需要和预设的活动规划并申购基础材料，家长和幼儿在这个过程中扮演着十分重要的角色。辅助材料包括生活材料、自然材料等，它们是幼儿生活中随手可得的。家园沟通时将收集材料作为一个重要内容，既有利于家长了解幼儿园目前的课程游戏化理念，也有助于培养幼儿的集体责任感。同时，家长资源中不乏从事着和各公共区域功能匹配的职业的家长，他们可以成为公共区域活动内容的设计者、参与者，以及活动材料的提供者。作为公共区域活动的主人，幼儿更有权利在材料收集中提出自己的设想，并付诸实践。基于这一点，教师或许可以先为幼儿预留出自选材料的空间，鼓励幼儿对材料进行筛选，然后将自选材料投放到相应的公共活动区域，实现他选材料与自选材料的平衡。在此过程中，幼儿能够了解已有材料及其他各类材料的特点、使用方法，不同班级、不同年龄段的幼儿也能够更好地相互交流、商讨，增强对彼此的了解。

二、摆脱桎梏：更多元的公共区域活动材料投放与使用

（一）优化材料投放结构

1. 增加本土材料投放数量

学校是传承文化的重要机构，不同地区的学校应通过学校教育承载、传播当地的优秀文化，以实现文化的传承；富有文化差异性的地方性学校课程助力社会文化多样性的传承与发展。幼儿园教育强调“生活即教育”，因此更强调幼儿对日常生活、对日常生活中所蕴含的本土文化元素的感知。

公共区域具有情境性，在幼儿园公共区域活动中，教师可以通过增加本土文化的相关材料数量，在潜移默化中增加幼儿与本土文化要素接触的机会，同时增强幼儿园公共区域的特色，在推进实现本土文化传承的同时加大对幼儿园材料的投放力度。

2. 丰富本土特色材料种类

富有情境性的幼儿园公共区域活动能够很好地帮助幼儿体验不同材料在实际情境中的运用，因此除增加本土文化材料的数量之外，幼儿园还应在此基础上增加本土文化材料的种类。结合公共区域资源库的建设，幼儿园可以通过对学校所在社区、地区的本土传统文化资源的盘点，通过投放富有当地特色的布艺、陶艺等多种手工艺品及各类食品等的区域材料，避免单一种类的材料投放，为幼儿园公共区域活动的参与者提供更全面的本土文化素材。

3. 提高操作性材料的比例

幼儿的学习多是在实际操作中发生的，因此在材料投放的过程中，教师应避免投放过高比例的观赏性材料，通过提高操作性材料的比例，为幼儿提供更多使用操作性材料的机会。

如何提高操作性材料在材料投放中的比例？教师可以通过以下两种方式进行材料投放：一是在投放观赏性材料的同时为幼儿提供相应的制作材料，从而使幼儿在进行审美欣赏活动的同时也有机会进行操作性尝试；二是减少成品、高结构材料，增加半成品及低结构材料的比例，鼓励幼儿在公共区域充分发挥创造性，根据活动需求设计、创造活动材料。

（二）丰富材料使用方式

材料使用同质化的本质是同类材料的使用方式被限定在极小的范围内。幼儿园可以通过以下两种手段打破原有的材料使用桎梏，促进公共区域材料使用的多样化。

1. 增加材料的多情境使用机会

对于同一种材料，教师可以将其投入不同的公共区域，并依据幼儿的兴趣与发展需要与幼儿一起创设多样化的材料使用情境，鼓励幼儿在不同的情境中充分发挥自主能动性，运用同一种材料满足不同区域、不同游戏情境的需求。

例如，树枝等低结构自然物不仅仅可以被放置在以科学探究为主的公共区域，还可以被用于艺术创作、情景表演等多个公共区域的游戏情境中。在不同的公共区域情境中使用同一种或同类材料，能够在一定程度上提高幼儿解决问题的能力，突破材料使用的思维定式，不断丰富材料的使用方法。

2. 减少材料的标准化操作示范

在公共区域，许多材料都有其既定的使用方法。这些标准化的操作示范能够帮助幼儿高效地了解某种材料的具体使用方法，但同时也限制了幼儿的思维。

在安全的前提下，在公共区域活动中应适当避免为幼儿提供过多的标准化材料操作示范，教师应该引导、鼓励幼儿自行对材料进行观察，并探究其多样化的使用方法。当幼儿设想出创新性的材料操作方式时，教师可以鼓励不同幼儿用多种表达方式将自己的想法记录下来，并呈现在公共区域的环境布置中，与更多的幼儿分享。

三、打破边界：更开放的幼儿园公共区域活动实施

（一）融入外界社会

幼儿园环境在某种程度上是浓缩的“准备好的社会”，幼儿在不同的活动区域，包括公共活动区域体验真实社会中不同种类的活动，认识真实社会中的不同角色，加强对真实社会生活的理解。幼儿园活动是园外社会生活的“儿童化”，而园外社会生活是幼儿园各类活动的丰富与延展。那么，教师该如何利用园外的社会资源来充实、完善现有的幼儿园公共区域活动呢？

1. 走出去

具有本土文化特色的地点，常是幼儿园在创设园内公共区域空间时借鉴的原型。“走出去”能够让幼儿在实地探访的过程中了解对应环境中的建筑特色、活动要点及其他相关细节。

以思贤幼儿园的小镇长廊为例，其原型是幼儿园所在地的盛家厍老街。盛家厍老街是一条商业化的仿古街，其建筑粉墙黛瓦，具有民国时期传统江南建筑的特点；沿街商铺售卖的物品多为传统服饰、手工艺品与食品，融合了幼儿园所在区各个乡镇不同的文化特色，包括盛泽镇的丝绸、同里镇的油纸伞等。幼儿园的幼儿来自不同的地区，江苏省外的幼儿对吴江区的传统文化了解较少；江苏省内的幼儿，甚至是吴江区内的幼儿，往往也没有机会了解每个乡镇的特色。教师希望通过小镇长廊综合性活动的开展来丰富幼儿对本土文化的认知。教师可以利用“走出去”这一策略完善幼儿关于小镇长廊的活动经验。

下面以思贤幼儿园的大班综合性公共区域活动“思贤小镇”为例对“走出去”策略进行简要阐述。

思贤小镇

公共区域：小镇长廊

班级：大班

【活动形式】

区域活动

【活动目标】

① 喜欢参与思贤小镇的特色区域活动，与同伴有游戏行为互动，亲身体验吴文化特色。

② 明确自己的游戏任务，尝试制订游戏计划，能自主选择布、橘子皮、锡纸等

低结构材料进行与主题内容相关的操作，尝试独立解决问题，必要时寻求帮助。

③ 乐于在茶馆、商铺、旗袍馆等区域进行角色互动游戏，能考虑“客人”的需求，体验角色互动的快乐。

【活动准备】

1. 材料准备

（1）游客中心：导游旗、心愿卡、记号笔、彩笔、印章等。

（2）点心店：准备好的点心、卡纸、超轻黏土、麻绳、订书机、双面胶、塑料饮品杯、吸管等。

（3）纸伞馆：空白纸伞、棉签、颜料、记号笔、超轻黏土等。

（4）锡纸馆：硬纸板、锡纸、双面胶等。

（5）扇子铺：彩纸、彩纸条、剪刀、纸胶带、竹条等。

（6）旗袍馆：各种布料、纽扣、亮片、缝纫机、订书机、丝带、剪刀等。

2. 经验准备

有参观旗袍小镇和其他古镇的经验。

【活动过程】

一、导入和回顾

1. 活动导入，提出问题

师：思贤小镇要营业啦！你们都做了哪些开业的准备？

师：你们最喜欢去哪里玩？为什么？

2. 通过照片回顾以往的游戏活动，分享游戏经验

二、自主分区活动

1. 游客中心

“导游”介绍思贤小镇的特色，带领“游客”游览。“游客”制作纪念品——思贤心愿卡，写下自己即将上小学的心愿和对思贤幼儿园的祝愿。

2. 点心店

幼儿分配角色，如“服务员”“收银员”“厨师”等，用超轻黏土、卡纸、麻绳等制作并售卖小镇特色——青团、奶茶、粽子。

3. 纸伞馆

幼儿根据自己的经验，利用超轻黏土、马克笔、棉签、颜料等在纸伞上绘制江南春景并进行售卖，感受纸伞的独特古韵。

4. 锡纸馆

幼儿把锡纸通过搓、揉、捏、贴等方式做成各种造型，创意制作古镇锡纸画。

5. 扇子铺

幼儿将彩纸条按照不同的颜色进行编织，制作团扇，展示并进行售卖。

6. 旗袍馆

幼儿利用布、剪刀、别针、夹子等工具，制作出各种款式漂亮的旗袍，感受量体裁衣的创作快乐。

三、评价

1. 请幼儿说一说今天的收获和感受

师：今天你玩得开心吗？有什么有趣、难忘的事情（或让你生气的事情）跟大家分享？

师：你在游戏中遇到了什么问题？你觉得可以怎样解决呢？

2. 讨论并改进游戏材料和情节

四、延伸活动

在上一次活动的基础上，进一步改进策略，调整解决经验分享中出现的问题，继续深入地开展游戏。

【实施建议】

（1）在游戏活动中，教师为幼儿营造了良好的自主游戏环境，充分尊重了幼儿的意见，让幼儿在主动与环境互动的过程中获得建构经验，帮助幼儿形成自我认知，树立积极正面的自我形象。例如，活动结束后，幼儿提出了“点心店的服务员不收拾桌子，游客们都走了，导致点心店都没人了”的游戏矛盾，教师通过追问“怎么解决这个问题？”引导幼儿商讨与制定规则，并达成共识，如“更换更尽职的服务员”“中途离开岗位的服务员要被开除”等。

（2）幼儿是活动的主体，教师通过仔细观察、适度交流，可以更好地了解幼儿的需求。例如，在“包粽子”环节中，教师留意幼儿对材料的态度和使用情况，适时地将双面胶换成订书机，增加活动的趣味性和挑战性，持续激发幼儿对材料和探索活动的好奇心和热情，点燃幼儿学习的热忱。

从上述活动方案可以看出，开展小镇长廊活动，幼儿需要提前储备相关经验，包括了解店铺的营业规则、了解角色，掌握纸伞、扇子、锡纸等手工艺品的特征及制作方式。在综合活动开展前，鼓励幼儿实地探访盛家库老街，能让幼儿直观地体验店铺买卖的基本规则。此外，幼儿还可以在非遗体验馆了解相关的手工艺品制作流程。考虑到盛家库老街的一些店铺主要负责工艺品的售卖，而并不涉及它们的制作流程，因此幼儿还可以利用周末、假期等时间到乡镇深入了解、体验相关的服饰、食品及手工艺品的制作流程。幼儿的实地探访以“地—物—人—事”为要点开展，具体内容如表 12 所示。

表 12　关于小镇长廊的吴地探访内容

小镇长廊内的板块	原型（地）	涉及物品（物）	涉及人员（人）	实地探访重点（事）
点心店	各小镇小吃店：同里林家铺子、黎里冯记油墩等	袜底酥、油墩、芡实糕等本地传统特色小吃	糕点制作师傅	品尝袜底酥、油墩、芡实糕等本地传统特色小吃
纸伞馆	同里镇油纸伞店铺	油纸伞	油纸伞制作师傅	了解油纸伞的制作过程
扇子铺	各类传统画廊	苏州折扇、宫廷扇	苏扇制作师傅	了解苏州折扇、宫廷扇的基本特征，以及扇面、扇骨的制作方式
旗袍馆	盛家厍旗袍店、盛泽镇旗袍店	旗袍	旗袍裁缝	了解旗袍的特征及基础款式

2. 引进来

思贤幼儿园地处城镇，周边有苏州青少年科技馆、吴江图书馆、苏州湾大剧院及苏州湾博物馆等文化机构。相比幼儿园教师，文化机构内的专业人员在戏剧、科普等领域有更强的专业性，能够调动与利用更为丰富的文化资源。因此，幼儿园公共区域活动的组织与开展可以充分利用这些机会，与文化机构内的专业人员进行沟通，将文化资源“请”进幼儿园中（表 13）。若幼儿园地处乡镇，园所同样可以以乡土资源为重点，邀请相关人员进入幼儿园，为幼儿带来内容丰富多彩、形式多样的公共区域活动，真正将陶行知先生“社会即学校”的理念融入教育实践，为幼儿的成长指引方向。

表 13　引进园外文化资源

园内公共区域	园外文化机构	可引入活动
思贤小舞台	剧院	儿童戏剧表演、儿童音乐会等
科技长廊	气象台	关于气象的解说活动等
—	青少年科技文化中心	各类科普活动
幼儿阅览室	图书馆（绘本阅览室）	绘本阅读活动、图书分类讲解活动等
生活体验室	糕点制作店铺	传统糕点制作活动等
创意美术室	美术馆	儿童绘画、展览活动等
综合运动区	少年儿童业余体校	各类运动启蒙活动
……	……	……

3. 开展非传统形式的合作活动项目

幼儿园与园外社会文化机构进行合作的常见模式，即幼儿进入文化机构中进行参观、探访，或是园所将专业人员请到幼儿园，组织开展相关的活动，且这类活动多是“单次”活动。尽管以上活动拓宽了幼儿的视野，但也存在内容浮于表面的情况。那么，教师该如何结合幼儿园实际教学解决这一问题呢?

首先，打破“单次活动”的桎梏，与文化机构建立长期的合作关系。在条件允许的情况下，尽可能放缓活动的节奏，为幼儿自主探索留下充裕的时间与试错空间。学校可以根据园内公共区域活动开展的需求，不定期邀请园外专业人员对活动进行指导，以灵活的“辅助”形式给予幼儿自主组织、开展活动的支持。

其次，鼓励幼儿在“走出去”与“引进来”的过程中扮演主导者的角色。在传统的合作活动项目过程中，幼儿通常扮演着“被动者”的角色——他们按照集体讨论的要求走访、参观不同的地点，欣赏不同的演出与观看展览，或在成人的主导下参与特色活动。这样的活动虽然计划周详，但并没有为幼儿发展其自主性留下充足的空间。目前，国内已有此类文化机构与儿童进行合作的项目活动先例，例如，四川 A4 美术馆以“嘎嘎国”项目为起点，举办多届 iSTART 儿童艺术节，以儿童为策划主体开展了一系列“荒诞”但极具儿童视角的活动与展览。儿童在进入美术馆并从美术馆回归校园的过程中不再是“被领导者”，而是真正的“创始人”与“负责人”。

（二）加强内部联动

通过空间的联动，资源能够获得更充分的利用。要实现这一目标，教师可以从弱化公共区域活动的空间界限、弱化班级与公共区域的空间界限两个方面着手。

1. 弱化公共区域活动的空间界限

对于现有的常规幼儿园公共区域活动而言，不同功能的幼儿园公共区域活动空间之间存在明确的壁垒与界限。当幼儿进行公共区域活动的时候，他们会认为“在特定区域”进行“特定活动”是理所当然的。例如，当幼儿进入创意美术室后，教师就将其活动内容限定在绘画、手工的范围内，忽略了其自主跨区域开展活动的可能性。幼儿的日常活动并非局限于某一特定的空间，活动应该围绕幼儿这一主体而开展——特定功能空间不是削弱幼儿活动综合性的枷锁，而是为幼儿服务、丰富其活动内容的有效环境。

幼儿园公共活动空间之间的界限难以被打破的原因是多方面的。其中，幼儿活动需求单一化是一个重要的原因。

当前的公共区域活动往往在领域发展上指向性过强，导致幼儿进入公共区域后往往只关注某个特定领域的活动。例如，在自然环境主题的公共区域内，幼儿可能主要进行观察和探索动植物等自然现象的活动。这种单一化的活动需求限制了幼儿对其他领域的兴趣和探索。

另外，课程的设计也影响了公共活动空间的边界。如果幼儿园在课程规划上未能充分考虑公共区域的利用，或者缺乏计划性和系统性，那么公共区域仅仅是作为独立于课程的补充，无法真正发挥其拓展课程内容和丰富幼儿经验的作用。

为了打破公共活动空间之间的界限，教师可以采取以下两种策略。一是加强公共区域活动和现有课程的联系，确保公共区域能够为幼儿提供更全面、更多元的学习机会。二是要加强对公共区域活动的规划。教师可以某一公共区域为中心，以解决综合性问题为支点，将公共区域活动的范围拓展至整个幼儿园。通过设置丰富的任务和情境，并在其中融入各个领域的内容，引导幼儿进行跨领域的探究和学习。

综上所述，幼儿活动需求单一化是使幼儿园公共活动空间之间的界限难以被打破的原因之一。为了充分挖掘公共区域的潜力，教师需要加强与课程的联系，并将活动拓展至全园，促进幼儿在多个领域的综合发展和学习，打破空间界限，为幼儿的全面成长搭建更广阔的舞台。

2. 弱化班级与公共区域的空间界限

同步利用班级区域与公共区域空间可以作为弱化班级与公共区域的空间界限的一种方式。

班级开展的各种活动都可以在幼儿园找到对应的公共区域，因此教师可以充分利用这一联系同步利用班级区域与公共区域，形成从“点”到“面”、由“面”返“点”的空间利用模式。

班级区域的优势在于其空间的独享性与个性化。幼儿在班级区域可以随时进区进行探索。此外，由于班级活动区域所覆盖的活动群体只有班级内的幼儿，因此幼儿可以在班级区域进行更有针对性的活动，教师也可以快速根据本班幼儿的需求对班级区域的材料进行调整。

公共区域的优势在于其空间与材料的丰富性。在公共区域，幼儿可以接触到与班级区域相比种类更多、覆盖内容更广泛的活动材料，更宽裕的空间也能够支持幼儿进行更丰富的活动。

因此，教师可以根据班级区域和公共区域的不同特点，以班级区域为激发幼儿兴趣的支点，利用公共区域丰富的资源，进一步拓展幼儿感兴趣的内容，并根据幼儿在公共区域的新发现及时调整班级区域的材料，从而形成良性循环。在此过程中，教师还可以通过公共区域材料与班级区域材料的互通，来进一步弱化两者之间的空间界限。

本章重点总结

1. 当前幼儿园公共区域活动存在幼儿主体性“退位”、材料使用同质化、公共区域联动性差等主要问题。

2. 创设更自主的幼儿园公共区域活动环境、投放及使用更多元的材料、组织更开放的幼儿园公共区域活动是打破当前幼儿园公共区域活动桎梏的重要方式。

后记

在海棠经雨、翠拂行人的4月，我们敲下这本书的最后一个字。

7年前埋下的小小种子，终于在这个细雨绵绵的春季含苞待放，即将成为一本并不沉甸甸的书，在未来的某一刻被递到读者的手上。

本书凝聚了思贤幼儿园一线教师多年的实践心血，它是一群人坚持与努力的成果。“思贤人”就像乐团中的乐手，大家用自己交错起伏的声音，在相互协调、打磨的过程中奏成了一支交响曲——有强弱相宜的协奏，有多线并行的复调；不同的音符协奏或激越高昂，或舒缓沉静。最终，我们跨越停滞的休止符，抵达乐章的终点。希望这首曲子能够被更多同行的人听见，也希望“思贤人”创作的乐章会随着时间的流逝更加动人、悠长。

感谢在这本书创作过程中花费宝贵假期时间参与编写并提供丰富教育案例的王静、王嘉怡、吴玲瑜、沈张晖、宋倩、张晴、金丹、钮倩南、姚龙妹和顾禛老师（按姓氏笔画排序），也感谢吴江区教科室原主任徐炳荣在下班后耐心、细致地为我们提供详细的修改意见，最后感谢苏州幼儿师范高等专科学校的张晗教授为我们提供写作指导。

由于作者水平有限，撰稿时间也较为仓促，书中难免存在疏漏之处，感谢读者的包容，也恳请各位提出宝贵的意见。

“嘤其鸣矣，求其友声”，若书中的任何一点内容能够获得读者的认可与共鸣，我们都会感到荣幸与喜悦。

感谢您成为我们教育路上的同行者。